Eric ALBERT
Jean-Luc EMERY

Au lieu de motiver, mettez-vous donc à coacher !

Cinquième tirage 2001

Éditions d'Organisation

Remerciements

Merci à nos relecteurs Jérôme Duval Hamel, Michel, Christophe, Geneviève, Florence, et surtout Marie qui a accompagné et encouragé chaque étape de la rédaction.

SOMMAIRE

Deuxième partie : Apprendre à coacher

Troisième partie : Le coaching en pratique

Introduction

Ce qui caractérise le monde économique d'aujourd'hui est la rapidité des mutations auxquelles il doit faire face en permanence. Ce constat est unanime. La différence de compétitivité vient de plus en plus du temps de réaction et des capacités d'adaptation de l'entreprise aux évolutions du contexte. Anticiper les modes et les mouvements de société, réagir rapidement à la fusion des concurrents ou à leur changement de stratégie, investir les bons créneaux, la prime est toujours à celui qui va le plus vite. Aller vite, c'est l'obsession actuelle des dirigeants. Cela suppose de décider promptement mais surtout de mettre en œuvre de la nouveauté avec le moins de délai possible. Pour les salariés, il va falloir s'adapter en permanence, donc changer.

Cette exigence d'adaptabilité a pour conséquence de progressivement modifier une partie du contenu de la fonction managériale. Les années 90 ont été placées sous le signe de la productivité ; les managers qui se sont distingués, sont ceux qui ont optimisé les performances à moyens égaux. Pour cela la ressource managériale qui a été le plus utilisée est la motivation. Plus il fallait réduire les coûts, plus était considéré comme bon collaborateur celui qui était motivé. La compétence essentielle du manager était donc de savoir motiver. Ainsi, sans y réfléchir vraiment, tout le monde a intégré la représentation selon laquelle l'efficacité d'un collaborateur est proportionnelle à sa motivation.

Or, ce postulat était déjà partiellement faux et le devient de plus en plus avec l'évolution de l'environnement.

La motivation qui reflète la charge affective et donc l'énergie que l'individu met dans son travail, favorise l'efficacité jusqu'à un certain seuil. Si les courbes se suivent en parallèle au-delà d'un certain niveau, l'excès de motivation est contre productif pour plusieurs raisons.

La première concerne l'équilibre affectif. Notre équilibre affectif est comme un tabouret. Il repose sur trois pieds : vie professionnelle, vie privée, vie relationnelle. Dans la mesure où notre capital affectif est limité, l'individu sur-motivé investit son affect aux dépens des autres champs de vie que sont la sphère privée et le réseau amical. En général, c'est ce dernier pôle qui disparaît complètement alors qu'il cherche à maintenir la sphère privée tant bien que mal. Dès lors l'individu n'est plus en équilibre affectif mais en déséquilibre affectif. Ces trois pôles (vie professionnelle, sphère privée et réseau relationnel) qui constituent les supports de son équilibre se résument à un gros pied centré sur la vie professionnelle. Au premier coup porté à ce pied, l'individu s'écroule. Un individu durablement sur-motivé dans sa vie professionnelle est un individu fragile qui sur-réagira aux aléas de sa carrière.

La deuxième raison qui rend l'individu sur-motivé contre performant, résulte de l'assimilation qu'il fait entre lui-même et son travail. Il s'y investit tellement qu'il finit par considérer que ce qu'il fait est une partie de lui-même. D'ailleurs, il dira « c'est mon bébé ». S'installe progressivement une confusion entre l'être et le faire. Cela engendre deux conséquences. D'une part, il a du mal à accepter les critiques. « Il prend tout pour lui sur un mode très affectif ». Ce qui a pour conséquence que l'on n'ose plus lui dire ce qu'on pense de son travail. Donc il cesse de progresser. D'autre part, il développe un tel attachement à ce qu'il fait qu'il a du mal à passer à autre chose. S'investir dans autre chose, c'est renoncer à ce qu'il aime. Ses capacités d'adaptation en sont réduites d'autant.

Enfin le problème de la motivation est celui de sa stabilité dans le temps. Un individu sur-motivé est potentiellement un nostalgique qui restera tourné vers le passé. Plus il a été motivé, plus il a eu de plaisir et plus le présent lui paraît terne. Il risque même de nourrir une « motivation négative », c'est-à-dire du ressentiment et de l'amertume.

Soyons clair, loin de nous l'idée de dire qu'il ne faut pas de motivation dans le travail. Il en faut, ne serait-ce que pour prendre du plaisir à travailler, ce qui est essentiel. Mais, la question de la motivation est avant tout celle de la démotivation. Autrement dit au lieu de chercher des sources de motivation supplémentaire, le vrai problème est de faire en sorte de ne pas démotiver des salariés qui ont tous envie de trouver du plaisir à ce qu'ils font.

La rapidité des bouleversements auxquels est confrontée l'entreprise l'oblige à s'adapter en permanence. Quelles conséquences pour le manager ?

Contremaître ou manager, il faut choisir !

Le contremaître est celui qui sait mieux que les autres, qui fait mieux que les autres, et qui pense que tous devraient l'imiter. Il s'exaspère de ce que ses collaborateurs ne fassent pas aussi bien que lui. Ce qui l'amène souvent à faire à leur place. Gros travailleur, il tire une certaine fierté de ses horaires qui l'amènent à toujours être le premier arrivé et le dernier parti. Il aime à s'imaginer indispensable et s'arrange pour être le point de passage obligé de différents process. Jaloux de sa technique qui constitue son fond de commerce, il est plutôt immobiliste : le changement le fragilise. Ses méthodes pour obtenir ce qu'il veut de ses collaborateurs relèvent plus de l'adjudant fort en gueule que de la persuasion. Pour autant, il sait se créer un cercle de fidèles. Jouant sur l'affectif et sur les principes de la réciprocité du service rendu, il s'appuie sur un réseau de proches. Dès qu'il monte en grade, il se construit une baronnie qu'il préserve de toute intrusion étrangère. Il instaure un code implicite très fort, reposant sur la fidélité. Fidélité que les collaborateurs lui doivent en toute circonstance, et support qu'il leur fournit pour leur avancement. Il n'hésite pas, pour maintenir la cohésion de son groupe, à avoir recours à toutes les techniques qui les sollicite émotionnellement : stages outdoor, voyages collectifs luxueux au cours desquels le lien s'entretient dans les soirées prolongées abondamment arrosées. Fonctionnant sur le mode de la rivalité, il ne supporte pas qu'on le critique lui ou ses collaborateurs et il a la contre attaque facile. Enfin, et surtout, il est efficace. Il le fait savoir et montre combien sans son action directe, les résultats n'auraient pu être atteints. Ce dont il s'occupe fonctionne bien, car il sait que sa légitimité repose sur ses résultats. C'est ainsi que l'on retrouve des contremaîtres à tous les niveaux de la hiérarchie et parfois même au poste de dirigeant lui-même.

Le risque de ce mode d'encadrement est double.

D'une part, il appauvrit la structure sur le plan humain. Les collaborateurs ne sont pas encouragés à se développer, ils sont cadrés pour ne surtout rien faire d'autre que d'être au service de leur chef ; ce qui ne favorise ni la créativité, ni la responsabilisation. En général, les successions ne sont pas du tout préparées et les départs sont des occasions de crises. D'autre part, l'immobilisme est de règle. Le système repose sur le pouvoir du chef et tout mouvement pourrait être de nature à le remettre en cause. Il s'arrange donc pour que les changements ne soient qu'apparents et jamais de fond.

A l'inverse du contremaître, le manager ne revendique pas de technicité supérieure à celle de ses collaborateurs. Au contraire, il garde un retrait par rapport à la technique. Il s'interdit de faire lui-même pour faire réaliser par les collaborateurs. Il n'est jamais en rivalité avec ses collaborateurs car il sait que leurs rôles sont foncièrement différents. Il favorise donc au maximum leurs performances et leur développement. Des ordres, il en donne le moins possible. L'objectif est que le système soit autonome et fonctionne le plus souvent possible sans lui. En revanche, en situation de crise ou lorsque les enjeux sont importants, il remplit pleinement sa fonction de recours et assume les risques qu'il prend. Il se sait garant des résultats mais fait en sorte de construire une organisation capable de les produire. Son temps, il y veille jalousement pour le consacrer à développer sa structure et son potentiel humain. Toujours en anticipation , il pousse son entreprise et ses collaborateurs à progresser et à changer. Le changement assoit sa légitimité. Le jour où il quitte sa fonction, tout est prévu pour assurer la suite. Son intérêt n'est pas sa propre valorisation par le résultat immédiat à tout prix mais la pérennité d'une organisation qui va en permanence de l'avant.

Présentée comme cela, la cause est entendue. Il paraît évident qu'une entreprise qui va faire face à d'importants changements doit développer des managers et pas des contremaîtres. Mais pour cela, il faut donner les moyens à ces managers de trouver une légitimité qui ne passe pas par la technique. Autrement dit, pour qu'ils renoncent à être des contremaîtres, il faut leur donner d'autres outils qui leur permettront de remplir pleinement ce rôle de manager.

Frank Riboud, le PDG de Danone s'exprime ainsi : « 40 % du bonus annuel des managers reposera sur la capacité qu'ils ont à gérer, former et faire évoluer les gens qu'ils encadrent »[1].

1. Le Monde 26 février 1999.

Cela signifie que chez Danone, on considère que 40 % de la performance d'un manager est dans sa capacité à accompagner et développer ses principaux collaborateurs. La compétence nécessaire est évidente : le coaching. En somme, on peut estimer que 40 % de la compétence des managers passe par le coaching. Même si cela paraît excessif, il n'en demeure pas moins que c'est la compétence de fond pour conduire le changement.

La spécificité du manager par rapport aux autres fonctions dans l'entreprise est d'obtenir des résultats par l'intermédiaire des autres. Lui-même ne produit pas ou très peu, du moins ne devrait-il pas produire en direct. Il fait produire aux autres. Cette difficulté à faire s'est encore accrue ces dernières années en raison de l'accélération des changements.

Qu'est-ce que cela veut dire, changer, pour un collaborateur ?

Cela suppose qu'il renonce à sa manière de faire antérieure pour en acquérir une nouvelle. Si, dans bien des cas, le changement se fait sans problème, parfois même dans l'enthousiasme, il arrive aussi que ce soit lourd, difficile et douloureux. Tout simplement parce que le changement induit de l'émotion. Il y a au moins deux étapes dans le changement, la première consiste à renoncer à la manière de faire antérieure, la seconde repose sur la capacité à en mettre une autre en œuvre. Au risque d'être caricatural, on pourrait dire que le renoncement est un deuil qui produit de la tristesse et que la nouveauté a pour conséquence une perte de contrôle accompagnée de peur. Tristesse et peur, on comprend bien que pour y échapper certains résistent au changement.

Le changement, on le gère tous les jours, pas besoin de coaching pour cela. Les dirigeants ont facilement tendance à connaître les freins au changement. Ils ont décrété le changement souvent justifié par les circonstances : « de toute façon, on ne peut pas faire autrement ». Ce sera pour eux un faire-valoir qui leur fera gagner de nouveaux galons mais dans la plupart des cas, ils ne savent pas le gérer.

La question n'est pas tant le changement que la difficulté à changer. Aujourd'hui, face à la résistance au changement, les managers utilisent deux techniques principales : le déplacement, le licenciement du collaborateur ou la menace de cette première solution. En d'autre terme, soit ils renoncent, soit ils passent en force.

Ce livre est la résultante d'une expérience et d'une conviction.

Notre expérience est qu'en dehors des solutions expéditives ou de leur menace, le changement d'un collaborateur passe par un accompagnement que nous appelons coaching et dont nous donnons la méthode dans ce livre. Notre conviction est que dans les années qui viennent, la qualité des relations d'un manager avec ses collaborateurs prendra de plus en plus d'importance. La grande tendance du management est d'obtenir sans imposer. Il en sera de même pour l'adaptabilité et le changement des collaborateurs et pour cela il est nécessaire que les managers apprennent à les coacher.

Si le manager doit devenir un coach, ce n'est évidemment pas une fonction principale pour lui. Le coaching n'occupera jamais plus de 10 à 15 % de son temps. Mais maîtriser les techniques de coaching lui donnera un atout considérable pour faire gagner ses équipes en mobilisant au mieux les ressources de ses collaborateurs.

Première partie

Quel type de coaching pour quel type de management ?

Chapitre 1

Les différents types de coaching

Notons pour commencer que le mot est tellement à la mode qu'il donne lieu à tous les usages. On peut lire dans l'Essentiel du Management de mars 1999 un article intitulé « Le coaching ou l'art de motiver une équipe » qui relate des stages consistant à mettre une équipe en situation de construire un pont. Dans les années 80 on aurait appelé cela un stage extrême, dans les années 90 un stage « outdoor », aujourd'hui si cela se vend sous la forme de coaching cela prouve simplement que le terme est bien reçu par le client.

Si le coach est souvent assimilé à une nounou ou à un gourou, c'est que le modèle initial est issu du monde sportif qui en a fait le succès. Le monde de l'entreprise, facilement fasciné par cet univers médiatisé de la compétition et de la super performance, a souhaité reprendre les recettes des champions. C'est ainsi que les premiers coachs de dirigeants avaient acquis leur notoriété dans le monde du sport. Les dirigeants se glissaient leurs noms dans une ambiance de mystère en citant toujours un grand sportif que le coach aurait conduit au succès.

Puis, le coaching a été investi par des « psy » de toutes sortes qui ont posé comme postulat que les managers étaient de grands solitaires immergés dans le quotidien et qu'ils avaient besoin d'interlocuteurs extérieurs à l'entreprise pour se confier et prendre du recul. C'est le courant des « coachs confesseurs », curés modernes de l'entreprise qui écoutent d'une oreille attentive et complaisante et assènent quelques bonnes paroles de réconfort et de repentance.

Enfin, le marché étant ouvert, tout le monde du consulting s'y est engouffré. Pas un cabinet de formation, d'outplacement, de conseil en ressources humaines ou en organisation qui ne propose une offre de coaching. On ne sait pas très bien à quoi correspond le terme mais, cette approche est souvent nourrie de conseils. Le coach devient un conseiller personnel qui prodigue ses bons (ou moins bons) avis à son client. En fait, le seul point commun à ces différentes pratiques repose sur le principe d'entretiens individuels. Ce qui s'y passe réellement est très variable selon les méthodes mais surtout selon les coachs eux-mêmes. Pour avoir échangé avec beaucoup d'entre eux, il ne nous paraît pas excessif de dire qu'il existe autant d'approches que de praticiens. Récemment, un journaliste qui cherchait à faire un papier sur le sujet nous confiait sa difficulté à synthétiser des pratiques et des objectifs aussi divers.

Nous allons examiner ces trois démarches (coach sportif, coach confesseur et coach conseil), puis en développer une quatrième que nous pratiquons et qui est centrée sur le changement comportemental.

Le coaching sportif

Le coach est tout à la fois un guide, un éducateur et une présence affective. Ces trois rôles font qu'il peut être amené à intervenir sur l'ensemble des champs de vie de son champion. Autre spécificité, le coach sportif exerce un métier à plein temps pour un ou deux champions. La notion d'exclusivité est même essentielle car il s'agit non seulement de travailler pour quelqu'un mais aussi de gagner contre les autres.

Le guide

Il est guide dans la mesure où il possède une expertise dans le sport de son poulain. Souvent ancien champion lui-même, il est devenu un stratège du domaine qui développe une conception personnelle de ce sport. Il conseille sur la pratique, identifie les faiblesses, aide à la correction des défauts. Parfois, il va jusqu'à définir la stratégie et la tactique à mettre en œuvre à chaque compétition. Le coach est alors la véritable tête pensante de l'équipe qu'il crée avec son protégé.

L'éducateur

Il fixe le programme d'entraînement, veille au développement de toutes les dimensions utiles à la pratique du sport, équilibre le régime diététique, impose une discipline, détermine les périodes de repos,... Bref le coach est à la fois un parent et un manager. Il doit user d'autorité et de pouvoir d'influence. Il est vrai que les sportifs sont souvent très jeunes et immatures sur le plan affectif et psychologique et que sans cette présence permanente, ils auraient du mal à entrer dans la rigueur de l'entraînement qu'impose la compétition de haut niveau ; d'autant que la médiatisation du succès induit de fortes tentations de s'écarter des règles d'entraînement.

La présence affective

Ce n'est pas un hasard si la fédération de tennis a du poser comme règle de ne pas avoir de relations sexuelles entre les coach et les coachés. Ce n'est pas non plus un hasard si des démissions au plus haut niveau ont eu lieu en raison de la transgression de cette règle. Le coach est un support affectif pour des sportifs qui vivent en dehors du monde pour s'enfermer dans leur bulle d'entraînement. Si parfois le coach devient un substitut parental, la relation peut aussi être amicale voire amoureuse. Quoiqu'il en soit, le lien affectif est toujours très fort et sans lui ce couple particulier, soumis à de très rudes tensions, ne pourrait subsister.

Il n'est pas besoin de longues explications pour montrer que ce type de coaching n'est pas adapté aux managers. On voit bien que le coach est une pièce complémentaire et indispensable à l'éclosion et au développement du champion. Au-delà même du rôle de support, il s'intègre à la vie et à la performance du champion. Il s'agit de créer un véritable couple dont certains sont restés célèbres comme Vilas – Tiriac ou Borg – Bergelin.

Cependant, il pourrait être intéressant de s'en inspirer partiellement pour faire coacher de jeunes managers par des anciens.

De jeunes managers coachés par les anciens

La tendance consistant à mettre en position de management opérationnel des cadres de 30 à 50 ans et à progressivement en écarter les plus anciens, tend à se développer dans tous les grands groupes. Elle présente plusieurs désavantages.

Le premier est lié à la gestion des fins de carrière des cadres. Celle-ci est souvent vécue comme dévalorisante. Il se crée un sentiment d'amertume et de gâchis dans la mesure où une somme d'expérience et de compétence est inutilisée. Après des années de bons et loyaux services, on écarte un manager des positions opérationnelles pour... on ne sait pas très bien quoi : au mieux un placard, avec les honneurs, au pire un plan de pré-retraite. Politique, dans tous les cas, très coûteuse tant sur le plan humain que sur le plan financier.

Au même moment, les jeunes managers sont mis face à des responsabilités importantes et ont souvent du mal à gérer les aspects humains qu'ils sous-estiment souvent dans un premier temps. Enfin, le fossé générationnel se creuse dans l'entreprise avec des jeunes que l'on pare de toutes les qualités et des anciens qui portent le poids des ans comme une tare.

C'est pourquoi, il pourrait être intéressant de creuser l'idée de faire coacher les nouveaux par les anciens en s'inspirant du modèle sportif tout en l'allégeant évidemment sur bien des aspects.

Le coach confesseur

Sa principale qualité est l'écoute. Il rencontre à intervalles réguliers son client qui lui relate les événements marquants de sa vie professionnelle. Ce simple exercice consistant à raconter, a valeur de prise de distance et, parfois, de compréhension des comportements et des attitudes utilisés. Souvent le manager en décrivant ce qui s'est passé, réalise qu'un comportement différent aurait, peut-être, été plus efficace. Le coach relance et oriente la réflexion du manager sur les comportements dysfonctionnels. Il interroge et oriente le manager vers les domaines flous ou imparfaitement contrôlés. Il le pousse dans ses retranchements pour l'aider à mettre à jour ses motivations profondes ou ses oublis inconscients. Souvent persuadé de ses compétences psychologiques, il interprète les propos de son client. Mais conscient de la nécessité d'être concret, il assortit ses interprétations de conseils sur ce qui lui paraît être la bonne manière de faire dans le registre des comportements et dans celui du jeu relationnel.

Sa capacité d'influence est souvent grande. Le risque est double. D'abord, il peut se tromper dans ses interprétations qui peuvent être très déstabilisantes pour le manager. Fort d'une position d'autorité liée à ses connaissances en psychologie, ce qu'il dit est rarement discuté par son interlocuteur. On lui fait confiance et il s'autorise à remettre en cause son client. Ce n'est pas toujours à bon escient. L'autre risque est que le coach cherche à façonner progressivement le manager sur un modèle. Avec les meilleurs intentions, souvent très humaniste, le coach cherche à faire changer son client selon un modèle qu'il n'a pas, la plupart du temps explicité clairement au manager. Mais lui, le coach, est persuadé que c'est le bon.

En d'autres termes, ce type de coaching favorise la manipulation.

Le coach conseil

Sa valeur ajoutée vient d'une expertise. Il est souvent expert en management, en stratégie ou en tout autre technique (finance, géostratégie). Parfois c'est simplement son carnet d'adresses qu'il valorise. En général, il s'agit d'un consultant dans un domaine précis qui, soit du fait d'une relation privilégiée avec un client, soit en raison de l'opportunité liée à l'ouverture du marché, a entrepris de suivre un manager sur un mode individuel.

Comme il tire sa légitimité de son expertise, il a naturellement tendance à en exagérer l'importance. Son rôle, et ce pourquoi il a été choisi, consiste à dispenser des avis autorisés. Il vient donc principalement surseoir à un manque d'expertise interne à l'entreprise. La seule différence avec l'activité classique de conseil, est que le manager souhaite s'attacher personnellement l'expertise, souvent pour des raisons de jeux de pouvoir interne. La proximité que crée la relation de coaching, favorise un lien affectif et une confiance qui donne un poids à ce conseil particulier et qui va bien au-delà de sa compétence réelle. Ce type de coach a souvent aussi une fonction de contre pouvoir dans les rapports avec les collègues ou les collaborateurs. Ayant des difficultés à accorder sa confiance en interne le manager préfère la ressource externe. Les managers qui choisissent ce type de coach ont souvent tendance à instituer des jeux relationnels reposant principalement sur le rapport de force. En travaillant avec le coach qui est son fournisseur, il perpétue la relation de force sur le mode de l'interdépendance.

Outre la forme de l'entretien singulier que nous avons signalé, le principal trait commun à tous ces modes de coaching est qu'ils répondent à un manque du manager et le comblent. A tel point qu'il se crée progressivement une dépendance du manager vis-à-vis de son coach. Le manager se fait aider, il utilise une ressource extérieure qui peut lui devenir indispensable. Le risque est qu'il se satisfasse de cette ressource sans chercher à progresser lui-même et qu'il se fasse « piéger » dans une relation de dépendance. D'autant que c'est l'intérêt commercial du coach qui se constitue ainsi une clientèle captive.

C'est pourquoi, il paraît essentiel de poser comme postulat que le coaching doit avant tout être un apprentissage au changement. Même si la demande initiale qui initie une démarche de coaching est souvent un changement, bien souvent les objectifs se perdent par manque de méthode et de rigueur.

Le coach, accompagnateur du changement

La méthode que nous préconisons (et pratiquons) consiste à développer une pédagogie du changement à travers la pratique du coaching. Le changement sur le plan individuel concerne les comportements. Il s'agit donc d'aider un manager à changer pour atteindre un objectif précis, tout en lui montrant de quelle façon il change. L'évaluation se fait sur l'atteinte de l'objectif mais aussi sur la capacité à pouvoir reproduire la méthode à l'avenir.

> ***Définition du coaching :***
>
> Le coaching est un accompagnement individuel ayant pour objectif d'aider à la mise en place de changements comportementaux.

La base théorique qui est la nôtre repose sur les concepts cognitivo-comportementaux.

Le postulat est qu'en amont des comportements, il existe des émotions qui sont nourries par des représentations, elles-mêmes viennent de l'expérience et de l'éducation du sujet.

Schéma des comportements

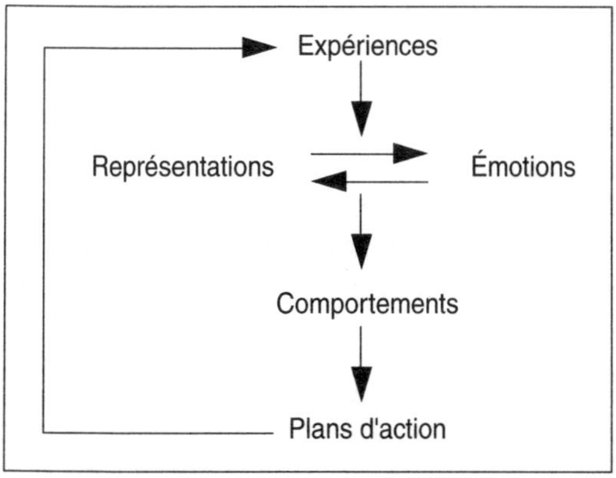

Le constat cognitivo-comportemental est que le changement durable suppose de mettre en évidence les émotions en amont qui sont en lien avec le comportement à modifier et les représentations qui y sont associées. Si les représentations ne peuvent être modifiées, il est probable que le changement ne pourra se faire de façon durable.

Christophe, qui dirige une équipe de commerciaux, a convenu avec son responsable qu'il serait utile qu'il soit accompagné sur le mode du coaching pour l'aider à mieux déléguer. En effet, au cours des deux derniers entretiens annuels d'évaluation, ce point est revenu comme devant être amélioré mais force est de constater que les progrès se font attendre. Les premières séances de coaching sont centrées sur la mise en évidence des représentations en rapport avec la délégation.

– Vous me dîtes qu' il aurait été préférable que vous laissiez votre collaborateur se rendre à votre place au salon professionnel de la semaine dernière.

– Oui, si je veux déléguer, il faut commencer par quelque chose

– En fait, vous y êtes allé vous-même.

– Oui, je n'avais pas vraiment confiance, lorsque je ne peux pas contrôler, cela m'inquiète.

– Qu'est-ce qui aurait pu se passer ?

– Que nous rations un rendez-vous client avec un client important

– Et alors ?

– Alors, vous êtes marrant vous, c'est mon job qui est en jeu !

A travers ce très court échange apparaissent une représentation « *il faut que je contrôle tout par moi-même* » et une émotion : la peur d'être licencié.

Tant que subsisteront cette représentation et cette émotion, Christophe ne déléguera pas. Reste à vérifier qu'elles sont conformes à la réalité, adaptées à la situation professionnelle de Christophe. Dans le cas contraire, on pourra l'aider à les modifier puis à modifier ses comportements. C'est ce qu'on appelle la restructuration cognitive qui doit nécessairement se faire en amont du travail comportemental.

La suite du travail consistera à l'aider à trouver lui-même des plans d'action qui lui permettront de modifier durablement son comportement. Il s'agit pour le coach de favoriser une progression par étapes avec un effet auto-renforçateur des succès. Nous détaillerons cette méthode dans le chapitre quatre.

Le coaching doit reposer sur une technique

Ces différentes approches du coaching encouragent la multiplication des vocations. Qui n'a jamais aidé un proche dans un moment difficile avec succès ? De là à se dire que ça puisse devenir un métier, il n'y a qu'un pas qu'il est tentant de franchir. D'autant que le coaching répond à l'aspiration très répandue de se placer dans la relation d'aide ; ce qui est traduit par beaucoup dans le positionnement séduisant de celui qui dit comment il faut faire sans avoir à faire lui-même.

La meilleure manière de faire le tri est d'interroger sur leur technique les candidats à la pratique du coaching. Sur quelle méthode s'appuient-ils pour obtenir quel résultat ? S'il s'agit de changement, par quel mécanisme induisent-ils le changement ?

Bien souvent le discours est flou, on parle de prise de distance, de réflexion sur soi-même et sur son mode de fonctionnement. Il est vrai que pour cela, il n'est pas nécessaire d'être professionnel, une bonne discussion avec un proche permet d'atteindre le même résultat.

L'importance de la technique est primordiale. Elle permet au coach, outre de savoir où il va et ce qu'il fait (ce qui n'est pas négligeable), de ne pas avoir à prouver sa légitimité en permanence. Le coach sans technique a besoin de se rassurer lui-même sur son utilité ce qui le met nécessairement en position de conseil. Il se sentira obligé de prendre position, de chercher à convaincre, voire de tenter de mettre son client sous sa dépendance en essayant de prendre un ascendant sur lui. En somme, il compense le déficit d'apport résultant de son manque de méthode par du relationnel.

La technique du coach protège son client

Initier le coaching dans un cadre précis

Le risque est grand de commencer un coaching sans objectif précis. Les situations sont diverses.

Dans un cas, on s'est décidé à « faire du coaching » par imitation des collègues qui en sont contents. « Tu devrais essayer, c'est super ». Fort de cette incitation enthousiaste et en raison de la gratuité de la démarche, on « essaye ». Face au coach qui lors de la première séance tente de faire formuler la demande, on lui trouve un objectif qui correspond rarement à un réel besoin. Si le coach n'a pas identifié l'aspect improvisé de la démarche, il peut s'engager à temps perdu pour lui et son client dans un travail qui a très peu de chance d'aboutir.

Ailleurs, c'est simplement que c'est considéré comme valorisant, sorte de signe extérieur de richesse ; un peu comme le psychanalyste des intellectuels new-yorkais. Les managers parlent de leurs coachs comme les vedettes de leurs coiffeurs, s'échangent les adresses (en recommandant bien de ne pas trop la diffuser), comparent le contenu des séances. Ce qui domine dans cette approche du coaching est le renforcement narcissique attendu par le manager et l'occasion de complicité à ce propos avec ses pairs. Là encore, les progrès sont rares et peu rapides.

Dans d'autres cas enfin, c'est le patron qui constate un dysfonctionnement et qui « envoie » en coaching son collaborateur. Souvent il ne lui dit pas clairement ce qu'il attend de ce coaching mais il appelle le coach en lui donnant des instructions précises sur ce que « doit devenir » son collaborateur. La réaction du collaborateur dépend de son degré de dépendance vis-à-vis de son patron. Bien souvent, il n'ose pas dire non et accepte les séances de coaching comme une concession qui lui permettra « d'avoir la paix ». Le coach, soucieux de ses bonnes relations avec le patron, essaiera d'orienter le travail dans le sens attendu par la hiérarchie. Ce qui revient plus à un exercice de manipulation qu'à autre chose.

Dans tous ces cas les chances d'aboutir sont maigres.

En résumé

La diversité des pratiques et des praticiens risque de conduire à des dérives tant sur l'efficacité que sur la finalité de la méthode pour les coachs eux-mêmes.

La demande de coaching doit se mûrir pour être clair sur les objectifs et avoir une demande qui correspond précisément à un besoin ressenti par le sujet lui-même.

Si l'on souhaite éviter que le coaching devienne une dépendance, il faut en cibler l'objectif. Cet objectif doit être principalement un apprentissage plutôt qu'une réponse à un manque. Il est donc nécessaire de fixer à l'avance un cadre précis déterminant le nombre de séances mais aussi des critères d'atteinte des objectifs.

Il est évident que ce type de coaching est le seul qui soit vraiment utile au manager dans l'exercice de ses fonctions. Avec ce type de méthode, il sait comment faciliter le changement et faire progresser ses collaborateurs.

On peut ainsi clarifier des règles qui pourraient constituer une base éthique pour le coaching.

Règles de base :

- **Fixer et écrire les objectifs du coaching**
- **Déterminer à l'avance le nombre de séances et le budget**
- **Evaluer les résultats sur des critères précis**
- **Expliciter la méthode utilisée par le coach et ses références dans le domaine**
- **Garantir la confidentialité du contenu des séances**

Chapitre 2

LA RELATION MANAGER/ COLLABORATEUR, OU L'INVERSION DU POSITIONNEMENT

A travers le coaching, en fait c'est toute la relation du manager avec son collaborateur qui est en question. Rappelons quelques grands principes du positionnement du manager par rapport à son collaborateur.

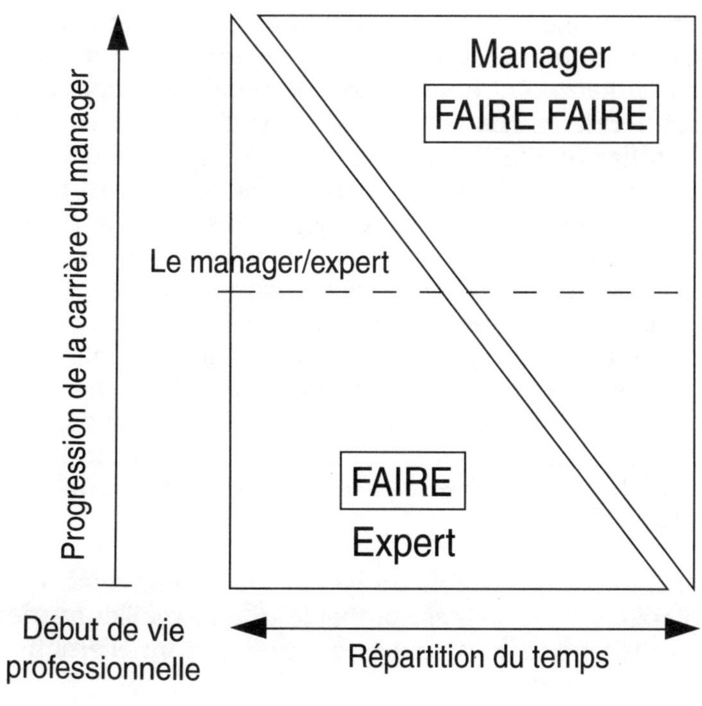

Le manager, comme tout le monde, a commencé sa vie professionnelle en apprenant une expertise. Puis, progressivement, il est devenu manager. C'est-à-dire que la tache principale de son métier a consisté à faire faire plutôt que de faire lui-même.

Pour véritablement devenir manager il doit renoncer à s'appuyer sur son expertise. L'expertise, il doit la trouver chez ses collaborateurs. En réalité, on s'aperçoit qu'il est difficile pour le manager de renoncer à son expertise et ce pour plusieurs raisons.

Je veux garder le contact avec le terrain

Préoccupation louable et compréhensible surtout dans une France encore marquée par la tradition des dirigeants parachutés qui ont cultivé des attitudes autoritaires dans un contexte de méconnaissance de la réalité de leurs collaborateurs. Il est tout à fait essentiel de garder un contact étroit avec « ceux qui font ». Cependant cela ne passe pas forcément par le fait de faire soi-même. Quelles sont les conséquences de l'attitude qui consiste à faire soi-même ?

La première concerne simplement la gestion de son temps. En produisant soi-même, on est moins disponible pour les autres tâches et notamment pour se consacrer au développement de ses collaborateurs. La seconde est que l'on perd en distance dans la réflexion sur la manière de faire. Si l'on fait, sa propre expérience (avec ses succès et ses échecs) devient prédominante, et le rapport aux collaborateurs passe par le prisme de cette expérience. Schématiquement cela revient à leur dire « faites comme moi ou ne faites pas comme moi ». Le manager ne raisonne plus par rapport aux spécificités de ses collaborateurs, il cherche à transmettre de l'expérience. Enfin, un manager a souvent des collaborateurs qui ont plusieurs types d'expertise. S'il fait ce que l'un d'eux doit faire, il ne peut le faire pour chacun d'eux. Dès lors son expérience du terrain est parcellaire et il risque de tirer des règles générales d'une pratique particulière.

Donc, s'il est indispensable de garder un contact avec le travail de ses collaborateurs, il est probable que la meilleure manière n'est pas de faire ce qu'ils font ou alors exceptionnellement et sur des périodes courtes.

Mes collaborateurs me demandent d'être un meilleur expert qu'eux

Etienne à 34 ans, est directeur administratif et financier d'une des branches d'un grand groupe. L'une de ses missions a été d'expertiser la valeur d'une petite entreprise de mécanique avec la question de savoir s'il fallait la vendre. Le choix du groupe a été de la garder et de nommer Etienne président pour en améliorer la rentabilité.

– En arrivant, je les ai aidés à résoudre un problème juridique qui représentait un gros enjeu pour eux ; ma formation de juriste et mon expérience du domaine m'a permis de me légitimer à leurs yeux. Car, il faut bien le reconnaître, je ne connais rien à la mécanique.

Le schéma est classique, une entreprise ou une direction, voit arriver un nouveau manager qui ne connaît pas le domaine qui est le leur et sa légitimité est d'emblée en cause. « Qu'est-ce qu'il peut nous apporter, il ne connaît rien à notre business ». Souvent, le manager prend à cœur de montrer à ses collaborateurs qu'il peut leur apporter quelque chose et pour cela fait en sorte de devenir meilleur qu'eux dans leur propre domaine. Quelles que soient ses qualités le résultat est, soit un conflit « il veut nous apprendre notre métier », soit les collaborateurs se défaussent de leurs responsabilités sur le manager qui n'arrive plus à déléguer.

La question de la légitimité ne trouve jamais une bonne réponse lorsque le manager se met en rivalité avec ses collaborateurs sur leur expertise même si ceux-ci l'y poussent. Il doit, au contraire, mettre en évidence sa complémentarité avec eux pour bien leur montrer que son rôle est différent du leur. Cela suppose un gros effort de pédagogie mais aussi que le manager sache lui-même où se trouve sa valeur ajoutée pour qu'il puisse l'exprimer.

Dans l'exemple ci-dessus, on peut constater qu'Etienne utilise une expertise technique pour acquérir de la légitimité. Le risque évident est que l'entreprise le cantonne dans ce rôle et n'accepte pas qu'il porte son regard sur les autres domaines de l'entreprise. Les collaborateurs peuvent retourner contre lui ses arguments : « c'est utile que tu interviennes dans les domaines que tu connais mais tu n'as rien à dire sur ceux que tu ne connais pas ».

Où se trouve sa valeur ajoutée ?

Notre définissons le manager comme celui dont la valeur ajoutée repose principalement sur sa capacité à faire faire à ses collaborateurs plutôt que de faire lui-même. Nous ne reprendrons pas en détail le contenu de « Le manager est un psy » mais rappelons tout de même que le manager a six fonctions.

- La fonction opérationnelle qui consiste à obtenir le meilleur de son équipe.
- La fonction de recours dans les situations de crise ou d'urgence.
- La fonction d'interface qui consiste à être au centre des pressions et à vendre son équipe.
- La fonction de décision et de définition de la stratégie.
- La fonction de donner du sens.
- La fonction de développement de son équipe et de son business.

A l'exception de la fonction de décision et de définition de la stratégie, il existe une compétence transversale qui concerne toutes les autres. Cette compétence a trait à la relation qu'il construit avec son collaborateur.

Si l'on examine une à une les fonctions du manager, on peut constater l'importance de cette dimension.

Dans la fonction opérationnelle, la relation est centrale pour tout ce qui a trait à la motivation et à la cohésion d'équipe.

Pour pouvoir être un recours, cela suppose qu'il existe une relation de confiance, de façon à ce que les collaborateurs en difficulté puissent faire appel au manager.

Etre à l'interface, suppose d'arbitrer et de résister à la pression, le manager pour défendre son équipe et lui faire accepter des compromis doit entretenir avec elle une relation de qualité.

De même, comment imaginer que le manager puisse être porteur de sens sans qu'il ait une vigilance toute particulière au relationnel.

Enfin, le développement des collaborateurs passe évidemment par des qualités relationnelles qui permettent aux managers de les faire progresser.

En filigrane de cette compétence relationnelle, se trouve un savoir-faire : le coaching.

A travers l'apprentissage au coaching, c'est l'ensemble des capacités relationnelles du manager qui se développent. Le coaching n'est pas seulement une technique pour piloter le changement comportemental, c'est aussi apprendre à comprendre l'autre, à lui exprimer ce qu'il a du mal à entendre, à gérer avec une relation dans la durée en dépit de désaccords ou de tensions.

Ce que nous préconisons à travers l'apprentissage du coaching dépasse donc assez largement la simple technique d'écoute.

Encore faut-il préciser de quelle relation il s'agit.

Qui est le client interne du manager ?

S'il est évident que la première responsabilité du manager est d'être avant tout opérationnel, il n'est pas moins évident que ce n'est pas lui qui fait mais qu'il fait faire. Dès lors, il s'agit de dissocier la notion de résultat de la notion de client interne et de prestation de service.

Un manager est évalué sur les résultats que produit son équipe. Il est clair qu'il doit avoir une valeur ajoutée vis-à-vis de son équipe qui aille au-delà de la simple fonction de distributeur d'ordres et de sanctions. Cette valeur ajoutée est la prestation de service qu'il produit pour son équipe.

C'est une notion assez nouvelle en France. Le management repose encore fréquemment sur un système hiérarchique assez lourd. Le collaborateur est là pour faire ce que lui demande de faire le chef.

Un cadre dirigeant d'une grande banque nous racontait récemment sa surprise de voir des collaborateurs qui avaient constaté que l'ordre de leur chef était irréaliste et allait à l'encontre de l'objectif recherché, chercher tout de même, par tous les moyens, comment le mettre à exécution.

Le chef commande et le collaborateur exécute. Il est urgent que les managers réalisent le peu de valeur ajoutée de ce type de relation. Car les collaborateurs, eux, l'ont compris et remettent en cause la légitimité de leurs dirigeants qui fonctionnent sur ce modèle. Ce management est d'un autre âge mais surtout n'a pas d'utilité. Dans beaucoup d'entreprises il a déjà disparu et il ne fait pas de doute qu'il disparaîtra complètement.

Si le manager demeure celui qui choisit les options et qui répartit le travail, il doit aussi être un prestataire de service vis-à-vis de ses collaborateurs pour en favoriser la mise en œuvre. D'ailleurs, la généralisation de la pratique du 360° (c'est-à-dire l'évaluation d'un manager par tous ceux vis-à-vis de qui il est en prestation de service) montre que ce constat est en passe de devenir la règle.

Cette évolution de l'évaluation est très significative de ce qui se passe dans le management actuellement. Nous sortons à peine d'une période où le manager évaluait ses collaborateurs d'une façon quasi arbitraire. Il n'avait pas vraiment à justifier ses appréciations qui pouvaient être vécues comme injustes. Aujourd'hui l'évaluation est de plus en plus réciproque. Le manager qui n'explique pas, est donc lui-même mal évalué. L'évaluation change dès lors de contenu. Il ne s'agit plus seulement de sanctionner mais de nourrir la réflexion sur la progression du collaborateur et sur le fonctionnement de l'équipe. L'évaluation devient un outil pour le collaborateur. Le discours n'est certes pas nouveau, ce qui l'est, c'est qu'il devient réalité.

Les managers savent maintenant que leurs collaborateurs représentent une part importante de leurs clients internes. Le temps où il suffisait de plaire au chef est terminé. De plus en plus, est considéré comme bon collaborateur celui qui challenge son chef et certainement pas celui qui dit oui à tout sans poser de questions.

Le coaching trouve évidemment une place de premier plan dans cette valeur ajoutée que le manager se doit d'offrir à ses collaborateurs. C'est une compétence qui devient indispensable. Le manager qui sait coacher devient évidemment plus légitime sans avoir à faire la preuve exclusive d'une compétence technique. Sa complémentarité ne repose plus seulement sur un rapport hiérarchique mais sur une aide méthodique et un accompagnement structuré pour ses collaborateurs.

En résumé

Le manager a une valeur ajoutée qui repose non seulement sur un domaine d'expertise technique mais aussi sur sa capacité à obtenir le meilleur de ses collaborateurs. Son rôle est de faire faire et lorsqu'il fait lui-même, il appauvrit son entreprise.

Le coaching comme support de la relation manager-managé

On peut être convaincu de la nécessité de coacher son collaborateur, encore faut-il savoir comment instituer cette relation qui, pour le moins, n'est pas habituelle. On peut légitimement craindre la réticence du collaborateur qui ne comprend pas ce changement et peut s'en méfier *a priori*.

Provoquer la demande

Bien souvent, la nécessité du coaching est évidente pour l'entourage d'un collaborateur mais il n'est pas clair pour le sujet lui-même qui se trouve « pas mauvais » et ne voit pas l'intérêt de faire un travail spécifique. L'expression de la perception de son manager suscite rarement un désir authentique de nature à provoquer une démarche de coaching sincère.

Pour qu'un sujet entre dans une véritable démarche de coaching deux étapes sont nécessaires. La première est de convaincre le sujet que non seulement il peut changer mais que c'est aussi une nécessité absolue pour l'entreprise et pour son propre avenir. L'autre étape est de déterminer sur quoi il est nécessaire de changer et comment y arriver.

De la nécessité de changer

Le discours que l'on rencontre fréquemment est celui de la nature. « Chassez le naturel, il revient au galop ; j'ai toujours été comme ça, ce n'est pas demain que l'on me changera ; pourquoi voulez-vous à tout prix que l'on change puisque ça ne marche pas si mal comme ça, ... » Nous pourrions multiplier les adages répétés par ceux qui ne veulent pas changer.

L'autre grand thème est qu'il faut « être soi ». Thème « à la mode » qui encourage les individus à trouver leur « vraie nature » et à s'y tenir. Ce message qui a trouvé un fort écho est présenté comme une évidence absolue, voire même comme le secret du bonheur. Evidemment, c'est assez flatteur et cela permet d'avoir toujours raison contre tout le monde puisque avant tout, il s'agit de s'intéresser à sa propre personne. Cela suppose que nous soyons des sujets statiques dont la « nature » serait figée une fois pour toute et qui, par définition, ne peut être que bonne. Sans entrer dans un débat « rousseauiste », il paraît clair que, dans notre interaction avec les autres, l'absence d'efforts et de remise en cause de nos modes de fonctionnement ne favorise pas la qualité de nos échanges et l'épanouissement de notre vie privée et sociale. De plus, chercher à s'améliorer n'est en rien contradictoire avec le fait d'être en harmonie avec sa propre personnalité. Le changement ce n'est pas se modifier intégralement ; c'est petit à petit acquérir de nouveaux comportements qui permettent de progresser. C'est élargir le domaine de compétence sur lequel sa personnalité pourra s'exprimer.

En fait derrière ces prises de positions se dissimule, avec des arguments pseudo-rationnels, une peur : celle de changer.

Comment on devient une photocopieuse ?

Lorsqu'on regarde les comportements des personnes âgées autour de soi, une chose nous frappe : ils agissent toujours de la même façon. Personne n'est plus prédictible qu'une personne âgée car elle se reproduit elle-même en permanence. Le fait de reproduire ses propres comportements et de ne plus pouvoir en acquérir de nouveaux pourrait même constituer la définition de la vieillesse. Le moindre changement devient une source d'anxiété très vive qui conduit à éviter au maximum tout ce qui provoque du changement.

En somme, nous sommes tous guettés par le statut de photocopieuse. Il y a un moment où nous perdons la fonction scanner.

Nous ne pouvons ou ne voulons plus acquérir de nouveaux comportements, nous restons comme figés dans ce que nous sommes à l'état présent, cessant dès lors de nous adapter aux nouveautés de l'environnement.

Il est clair que le vieillissement comportemental n'est pas strictement lié à l'âge. Il nous est arrivé de rencontrer des « photocopieuses » de 30 ans alors que d'autres à 70 cherchent en permanence à acquérir et s'enrichir de nouveautés.

La réussite accélère le vieillissement

Ce vieillissement guette d'autant plus les managers qu'ils ont réussi et ont multiplié les succès. **Le succès fait vieillir**. Il est bien compréhensible que, lorsqu'on réussit dans un domaine, on ait tendance à reproduire ce qui a déjà marché. Pour peu que cela fonctionne encore plusieurs fois, la conviction s'installe que c'est la bonne méthode et qu'il ne faut pas changer. Et c'est vrai. Arrive pourtant toujours le moment où ça ne l'est plus. Mais, malheureusement, il est souvent trop tard pour mettre en place un changement.

« On ne change pas une équipe qui gagne » jusqu'au moment où elle ne gagne plus ce qui ne manquera pas d'arriver tôt ou tard.

Lorsque le succès ne concerne plus la mise en œuvre d'un projet mais une personne, le risque de vieillissement est encore plus grand. C'est ce qui guette nos dirigeants. La carrière qui les a fait voler de poste en poste dans un cursus de gagnant, les met en grand danger de vieillissement prématuré. Ce risque est encore renforcé en France par le système des grandes écoles.

Qui fréquente l'entreprise aura sans doute rencontré un manager en position de pouvoir, très sûr de lui, certain d'avoir la vérité et de toujours savoir comment il faut faire quelle que soit la situation sans avoir à vraiment réfléchir. Son entourage de longue date témoigne qu'il l'a « toujours connu comme ça, il ne change pas ». Souvent sa carrière s'est faite sur une expertise de très bon niveau dans un domaine et le management qu'il pratique repose sur une attitude autoritaire. Il n'exprime jamais aucun doute et n'attache que peu d'importance aux avis des autres même si, pour la forme, il les recueille. Ce type de managers est la caricature du fonctionnement en « photocopieuse ». S'ils sont dans des environnements stables, ils peuvent rester en poste pendant des années. Mais si l'entreprise doit faire face à des changements brutaux et inattendus, ils montrent clairement leurs limites dans leur incapacité à s'adapter.

S'adapter, s'adapter, s'adapter

Le maître mot de l'entreprise du vingt et unième siècle est lâché. Aucune entreprise ne survivra sans que ses dirigeants n'y consacrent toute leur énergie. Or, les premiers à s'adapter sont ceux qui réussissent à modifier leurs comportements.

C'est pourquoi, la question du changement comportemental n'est pas négociable dans l'entreprise. Elle est indissociable de l'évolution de l'entreprise.

Elle concerne tout le monde à commencer par le dirigeant. Ceux qui s'y refusent expriment *de facto* une incapacité à s'adapter.

Cela ne signifie pas pour autant que tout le monde doit travailler sur le mode du coaching mais que chaque collaborateur doit avoir des objectifs individuels de changement avec des critères d'évaluation précis. Chacun peut choisir la méthode de changement qui lui convient. S'il existe des critères, ils permettront de faire une évaluation du changement.

C'est à ce prix que l'entreprise ne vieillira pas prématurément et atténuera les risques liés aux changements auxquels elle est, et sera, de plus en plus soumise.

En résumé

L'entreprise doit d'être intransigeante sur la nécessité du changement pour tous. Le coaching est le moyen privilégié qui est proposé aux managers pour les aider à mettre en œuvre ce changement.

Que faut-il changer ?

Changer, certes, si le dirigeant se montre convaincant, il pourra persuader ses collaborateurs que l'adaptabilité est une nécessité en soi. Reste à déterminer sur quoi doivent porter les efforts de chaque collaborateur.

La mise en place du changement est en effet un processus qui demande du temps et de l'énergie, il s'agit donc de ne pas se tromper sur les objectifs. Bien souvent, la perception de l'individu lui-même et celle de son entourage divergent.

La procédure la plus rigoureuse pour déterminer les objectifs est de l'intégrer à l'entretien annuel d'appréciation. C'est le moment de synthèse de l'année au cours duquel la question de l'adéquation entre les objectifs et les compétences mises en œuvre sont évaluées et hiérarchisées. Cet entretien aboutit naturellement à un plan de développement qui comprend à la fois des objectifs d'acquisition ou de perfectionnement techniques et comportementaux. A cette occasion sont aussi définis les moyens à mettre en œuvre, plans de formation, coaching, tutorat, etc...

Pour les collaborateurs en position managériale, une évaluation à 360° portant sur des compétences comportementales peut aider à identifier des objectifs de changement. Les évaluations à 360° qui consistent à faire remplir des questionnaires à tout l'entourage d'un manager donnent un reflet de leurs perceptions le concernant. Ces perceptions peuvent être assez déterminantes. Lorsque, par exemple, il apparaît que l'entourage d'un manager ne lui fait pas confiance, cela peut constituer un objectif de changement. Or, sans ce type d'outil 360°, il est quasiment impossible de convaincre quelqu'un qui n'inspire pas confiance, d'entreprendre un travail pour changer sur ce point. Des échanges sans fin peuvent s'instaurer avec son supérieur hiérarchique sur le sujet sans que rien de convaincant n'en sorte.

L'objectif, qui est fixé conjointement, doit être nécessairement assorti de critères d'atteinte.

Puis le travail de coaching peut commencer à proprement parler.

Deuxième partie

Apprendre à coacher

Chapitre 3

LES PIÈGES À ÉVITER

Coacher consiste à aider quelqu'un à progresser, à trouver des solutions et surtout à changer. Avant de commencer à en préciser la technique, pour en faire l'apprentissage, il importe de savoir à quoi on doit renoncer. En effet, la position du coach s'oppose à la classique position du manager. L'imagerie d'entreprise le veut, hyperactif, trouvant très vite les solutions aux problèmes, toujours dans l'action, ...

Le coaching c'est le temps du recul. Le coach renonce à résoudre lui-même les problèmes, il accepte d'avancer au rythme de son interlocuteur et il n'est pas celui qui donne des conseils mais celui qui aide l'autre à trouver lui-même ses propres réponses. Il s'agit d'entrer dans une démarche heuristique ce qui n'est pas simple pour le manager habitué à agir.

Jouer les conseilleurs

La plupart du temps, le manager est considéré comme celui qui sait. De fait, fort de son expérience et du recul dont il dispose par rapport à son collaborateur, il a souvent une idée de la solution lorsque son collaborateur lui demande d'intervenir.

Imaginez la situation : le collaborateur débordé par la complexité des problèmes qu'il a à résoudre, fait appel à son chef. Avec une certaine admiration, il attend qu'il prouve une fois de plus le contrôle dont il fait preuve en toute situation. Et là, il faudrait que le manager renonce à ce grand plaisir de prouver sa légitimité et de susciter l'admiration. Renoncer à ce que de bouches à oreilles se propage la nouvelle qu'il a trouvé la solution. Renoncer à dire qu'il sait pour faire trouver à l'autre.

C'est bien d'abnégation dont il s'agit. Cela suppose qu'il soit très sûr de sa légitimité et de sa valeur ajoutée et qu'il ait dépassé le stade où il lui est besoin de prouver à tous qu'il en a une. Cela suppose aussi que dans le jeu de rivalité avec ses collatéraux, il renonce à faire feu de tout bois pour se valoriser aux dépens des autres.

Dans des organisations où sont valorisés, tout ce qui est opérationnel et les résultats de « celui qui fait », il faut se contenter d'être celui qui influence, favorise. En somme, il s'agit de renoncer aux feux des projecteurs et à la gloire pour permettre à un autre d'en profiter. C'est comme si le manager acceptait d'être dans une position plus fonctionnelle qu'opérationnelle ; de support plus que d'action. Autant dire que cela va à l'encontre de toute la culture entrepreneuriale.

En cela, le coach manager est comme le coach sportif que très peu connaissent mais qui est indispensable à la performance de son champion.

Il en est de même lors des entretiens de coaching. Très souvent le manager est sollicité par le collaborateur qui lui demande ce qu'il doit faire et comment il doit faire. La plupart du temps, le coach a la réponse (ou du moins en a une) ; réponse qui lui semble être une évidence et que son collaborateur ne trouve pas. La tentation est très forte alors de le lui dire. Mais à chaque fois que l'on apporte la réponse, on n'aide pas à progresser, on se débarrasse du problème.

Eviter d'aborder les émotions

Le monde de l'entreprise n'est pas à l'aise avec l'expression des émotions. Cette gène se retrouve dans la conduite du coaching. Le piège consiste à se focaliser sur l'exploration des situations sans comprendre les ressentis émotionnels. Le coach fait décrire les différents comportements afférents à une situation. Il détaille les tenants et les aboutissants d'un problème. Il donne ses arguments et ses solutions. L'entretien de coaching se transforme rapidement en un exercice de résolution de problème ou pire en un dialogue de sourd.

> – *David, je trouve que tu n'es pas assez exigeant avec ton équipe. Il faut que tu leur donnes plus de directives.*
>
> – *Ecoute Marc, ils obtiennent de très bons résultats, je les laisse tranquilles.*
>
> – *Oui, mais cela ne durera pas. Il faut anticiper.*
>
> – *Non, je crois que s'ils sont autonomes dans leur travail, ils vont rester plus motivés et qu'ils continueront à atteindre leurs objectifs..*
>
> – *Je ne te parle pas de motivation, je te parle d'anticipation. Ton rôle ce n'est pas seulement de vérifier que ton équipe atteint ses résultats. Tu dois les faire progresser et t'occuper de leur formation !*
>
> – *Tu me l'as déjà dit. Je sais que tu penses que je ne suis pas un bon chef d'équipe. Si tu crois que je ne mérite pas d'être responsable de mon équipe, prends quelqu'un d'autre. Ce n'est pas à mon âge que je vais changer.*

Dans cet échange Marc suscite progressivement chez David opposition et démotivation. Il n'ose pas interroger David sur ses ressentis émotionnels. Que pourrait ressentir David s'il faisait des remarques à ses collaborateurs alors qu'ils obtiennent de bons résultats ? David a peur de démotiver son équipe. Marc a peur de blesser David. Les émotions ne sont pas prises en compte. La résistance au changement est forte et l'incompréhension se développe dans l'échange.

Pourquoi est-il si difficile pour Marc d'aborder les émotions de son interlocuteur ? L'expression et la discussion des émotions suscitent des réticences en entreprise. Ces craintes sont liées à plusieurs types de représentations :

> – *Si j'aborde l'émotion de l'autre, j'aborde sa sphère privée.*
>
> – *Si je lui demande ce qu'il ressent dans telle situation à l'idée de faire une remarque à tel collaborateur, je risque de le mettre mal à l'aise.*
>
> – *Si je lui demande de me parler de ses émotions, je lui manque de respect. Les émotions cela fait partie de notre intimité.*
>
> – *Si on commence à parler des émotions, on prend le risque d'ouvrir la boîte de Pandore !*

Cette prudence à aborder les émotions est surprenante, comparée à la violence des critiques qui peuvent s'échanger en entreprise. Cette pudeur à partager les ressentis émotionnels étonne face à la brutalité de certaines décisions. Eviter de réfléchir sur l'émotion dans le cadre du coaching diminue beaucoup la portée de l'exercice ou pire risque de faire apparaitre des résistances au changement. Rappelons que les émotions et les représentations qui leur sont associées sont en amont de nos comportements. Souvent, elles ne sont pas identifiées par les sujets eux-mêmes qui sont sous leur dépendance faute de pouvoir en prendre conscience. Prendre le temps de repérer l'émotion et de la discuter, c'est à chaque fois enrichir la compréhension d'une situation et lever les freins au changement. Le coach devra donc vaincre ses réticences et travailler plus volontiers sur des contenus émotionnels. En pratique, on peut parler d'émotions sans utiliser le mot. On peut, par exemple, interroger sur les ressentis.

Chercher la rapidité

Alors que la rapidité est considérée comme indispensable, comme une absolue nécessité, notamment pour faire face à la concurrence, il faudrait apprendre la lenteur.

A première vue le propos paraît provocant.

Et pourtant, il est évident qu'aller vite c'est faire faire par celui qui sait déjà et que l'apprentissage de celui qui ne sait pas encore est toujours plus lent. Or, coacher c'est conduire un apprentissage.

Cela suppose de progresser au rythme de celui qui apprend plutôt qu'à celui que souhaiterait le coach (ou le coaché). Par expérience, cela ne va jamais à la vitesse espérée. Un coaching est un travail de petits pas. Chaque objectif se décompose en étapes. Vouloir aller trop vite, c'est risquer de mettre en situation d'échec celui qui essaie de changer.

C'est pourquoi, un coaching s'étale sur plusieurs mois. L'une des responsabilités du coach est de ramener les objectifs parfois fixés dans l'enthousiasme à des niveaux possibles à atteindre.

Bien souvent aussi c'est le coaché lui-même qui souhaiterait que les choses aillent beaucoup plus vite. Il veut des résultats et peut se comporter vis-à-vis du coach comme vis-à-vis d'un prestataire classique. Il est vrai que lorsque le coach est le manager, le collaborateur exprime moins ouvertement son exigence.

Il n'en reste pas moins que derrière l'exigence de rapidité du sujet coaché, il peut y avoir en filigrane une remise en cause de l'efficacité du coach. Si celui-ci se sent menacé, il se sentira obligé de prouver sa valeur ajoutée et risque de retomber dans les conseils.

Vouloir séduire

C'est d'autant plus vrai pour le coach extérieur qui se sait jugé par son client et qui sait aussi que la pérennité de ses contrats en dépend. De même, pour le manager avec ses collaborateurs, il y a aussi un renoncement à être dans ce qu'il perçoit de leur désir. La réputation des managers, au sein de l'entreprise est un facteur dont tout le monde tient compte de façon plus ou moins consciente. Les managers commencent à prendre conscience qu'ils doivent y être vigilants. C'est pourquoi, ils peuvent être tentés de séduire leurs collaborateurs et ce notamment au cours du travail de coaching, moment privilégié de relation avec le collaborateur que l'on peut souhaiter ne pas gâcher en ayant l'impression de le contrarier.

Ne pas séduire, c'est tenir le cadre de l'entretien en fonction d'un but précis ; c'est aussi ne pas transiger sur la rigueur de la méthode de coaching pour privilégier le plaisir de l'échange. Il est fréquent d'entendre le coaché dire : « vous avez raison, je vais faire comme cela … » sans qu'il passe à l'action. C'est pourquoi le coaching mené dans la séduction risque de décourager tout le monde.

Encore une fois la qualité relationnelle et le plaisir à travailler avec un coach sont essentiels. Au point que nous conseillons souvent pour le choix d'un coach extérieur d'en rencontrer plusieurs avant d'arrêter sa décision.

Cependant, trop de coaching ne sont que des moments conviviaux et sympathiques autour de thèmes professionnels sans qu'il n'en sorte rien de concret. Au risque de paraître austère, nous affirmons la nécessité d'évaluer les pratiques sur des objectifs concrets.

Etre empathique et pas projectif

Dans les rapports avec ses proches, on a facilement tendance à donner des conseils en fonction de sa propre expérience. On conseille de faire telle ou telle chose par rapport à son propre mode de fonctionnement. C'est très fréquent dans le cadre amical. Si un ami vous raconte ses déboires conjugaux, les conseils que vous lui prodiguerez seront, la plupart du temps, fonction de votre propre expérience ou de ce que vous auriez fait en situation similaire.

Il en est de même au travail. Le manager conseille d'agir selon ce qu'il aurait fait avec sa personnalité, son expérience, ...

Ce mécanisme psychologique est la projection : il consiste à attribuer à l'autre des attitudes, des pensées ou des émotions qui sont les nôtres. A travers la projection nous conseillons ensuite à l'autre d'agir selon nos propres perceptions.

C'est toute la différence entre projection et empathie.

Il importe d'être empathique, c'est-à-dire de comprendre dans quel contexte évolue l'autre, mais aussi ses comportements, voire même ses émotions. En revanche, il ne s'agit pas d'y mêler les siennes propres. Le risque serait alors de le conseiller par rapport à soi et non par rapport à lui.

Cependant cette attitude est fréquente car spontanée. La tendance « naturelle » est de raisonner par rapport à soi et de considérer que ce qui est bon pour soi l'est pour les autres. Le transfert d'expérience n'est quasiment jamais possible ou même utile. Celui qui reçoit les conseils ne peut pas se les approprier et l'on obtient le contraire de ce que l'on souhaite c'est-à-dire lui donner le sentiment d'une absence de solutions ou encore de rejet.

En résumé

Le coaching suppose un renoncement à être dans la position de celui qui sait, qui dit comment il faut faire pour être celui qui fait découvrir et facilite.

Pour autant, un coach n'a pas vocation à rester dans une neutralité totale et à appliquer une méthode. Il doit d'abord oser aborder les émotions, mais aussi apprendre à s'autoréguler et à sortir de la représentation du chef tout puissant pour faire l'effort de comprendre l'autre et de l'accompagner à son rythme.

Chapitre 4

Les étapes de l'apprentissage

Ce chapitre est structuré en trois parties. La première concerne le plan général de l'ensemble d'un coaching, la deuxième décrit la séance elle-même et enfin, dans la troisième, nous proposerons une pédagogie de l'apprentissage au coaching.

Plan d'ensemble d'un coaching

Un coaching se déroule en quatre temps.

1. Fixer des objectifs
2. Les séances de changement comportemental
3. Les séances de consolidation
4. La conclusion

Fixer les objectifs

La première étape, nous en avons déjà souligné l'importance, repose sur la détermination des objectifs du coaching. Plusieurs éléments sont à retenir à cette étape.

1. Il ne doit pas y avoir plus de deux objectifs et ils doivent être possible à atteindre. Cela paraît être une « lapalissade ». Pourtant, il y a dans l'entreprise une tendance à mettre des objectifs difficiles à atteindre pour permettre au sujet de se dépasser. Dans le cadre du changement comportemental, c'est le contraire qu'il faut faire. Les objectifs doivent être modestes,

surtout lors d'un premier travail de coaching. Celui qui est coaché, souvent emporté par son enthousiasme et avec l'envie de mettre en place des changements conséquents incite le coach à les multiplier. Mais le changement est difficile à mettre en œuvre et le risque d'échec est important. C'est pourquoi, il est essentiel qu'il y ait des résultats concrets qui vont renforcer la conviction que le changement est possible.

2. Chaque objectif doit être assorti de critères d'atteinte. Autrement dit, on ne saurait se contenter de la satisfaction du sujet coaché comme seule élément d'appréciation du coaching. Ces critères sont à la fois qualitatif et quantitatif. Dans l'exemple que nous citions plus haut sur la confiance, le premier travail va consister à déterminer sur quels éléments concrets on peut considérer que l'entourage fait confiance au manager coaché. Au-delà d'une nouvelle appréciation 360°, c'est dans la vie quotidienne du manager qu'il faut trouver les critères comme le nombre de fois où l'on lui demande conseil sur des situations difficiles, le nombre de fois où l'on a recours à lui alors qu'une erreur a été faite, etc.. Cette démarche est très importante car outre qu'elle rationalise l'appréciation du résultat, elle permet en outre une réflexion sur la valeur ajoutée de la fonction.

Le changement comportemental

C'est, évidemment la partie centrale du coaching. Le coach conduit par étapes à la mise en place du changement comportemental. Pour cela, il lui faut remonter aux représentations et aux émotions qui sont en amont des comportements.

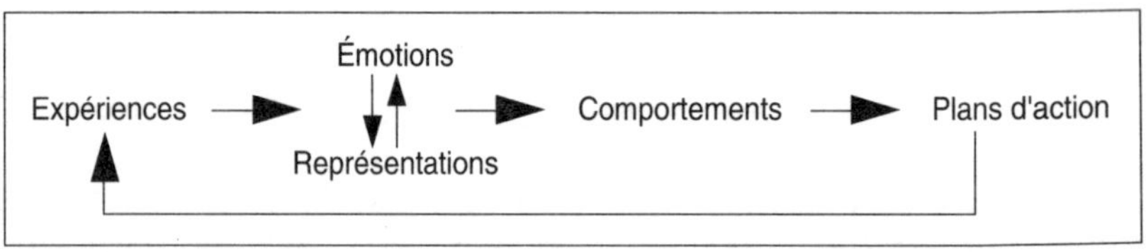

Le modèle théorique que nous proposons pour faire changer les comportements est le modèle cognitivo-comportemental. Il postule qu'en amont de nos plans d'action, il y a des comportements qui sont eux-mêmes régis par des émotions nourries par des représentations. Celles-ci ont été forgées au cours de notre existence par notre expérience.

Changer les comportements suppose de désamorcer les émotions qui sont en amont et pour cela remettre en cause les représentations qui les alimentent et qui souvent sont imparfaitement adaptées à la réalité que rencontre le sujet.

Jacques travaille en coaching parce qu'il se met très facilement en colère avec ses collaborateurs, ce qui, a-t-il constaté, altère la relation qu'il entretient avec eux : « je me rends bien compte que je les bloque, ils n'osent plus me dire les choses ».

> *Il décrit ainsi la dernière situation de colère :*
>
> *« J'avais demandé à mon responsable des ressources humaines de me donner l'état des lieux du travail à temps partiel dans l'entreprise, ce qui est assez fondamental dans la négociation que je mène sur les 35 heures et il m'a répondu qu'il n'avait pas eu le temps ; alors évidemment j'ai explosé.*
>
> *– lorsque vous vous êtes aperçu que le travail n'était pas fait qu'avez-vous pensé ?*
>
> *– qu'il se fichait de ma tête.*
>
> *– en somme, vous êtes en train de me dire que vous pensez que votre collaborateur se moque de vous volontairement.*
>
> *– aujourd'hui je n'en suis plus aussi sûr mais au moment où il m'a dit que le travail n'était pas fait, ça m'a paru évident.*

Il est clair que la représentation à l'origine de l'émotion qui vient spontanément à Jacques est « il se moque de moi ». De fait, lorsqu'un manager a cette perception cela peut engendrer de la colère. Mais, Jacques commence déjà à remettre en cause cette représentation et les questions qui suivront l'amèneront à réaliser qu'elle était erronée et qu'en réalité, sa demande n'avait pas été bien comprise par son collaborateur. La suite des séances de coaching montrera qu'à chaque fois qu'il se mettait en colère c'était en rapport avec cette représentation qui était quasiment toujours inappropriée mais qui revenait automatiquement à chaque fois qu'un collaborateur le décevait.

On voit bien qu'il ne s'agit pas ici d'essayer de changer le comportement sans mettre à jour et désamorcer en amont l'interaction représentation/émotion.

De ces échanges doit émerger une nouvelle représentation que le sujet aura lui-même déterminée et qui correspond à sa perception de la réalité. Cette nouvelle représentation permettra au sujet de ne pas avoir systématiquement le même type d'émotions lorsqu'il se trouvera confronté à des situations semblables. Dès lors, il ne se trouvera plus conduit à reproduire les mêmes comportements.

La suite du travail portera donc sur les nouveaux comportements à mettre en place. Dans un premier temps, on favorisera l'émergence de toutes les idées nouvelles sur les comportements puis elles seront triées et évaluées en fonction de l'objectif et de leur efficacité attendue. Enfin, on établira des plans d'actions précis à mettre en place avant la séance suivante. Rappelons le principe de la difficulté croissante, autrement dit de la nécessité de commencer par des plans d'action qui paraissent facile à atteindre pour le sujet.

Les séances de consolidation

Il ne suffit pas de changer, encore faut-il que ce changement s'ancre dans la durée. Nous avons tous fait l'expérience de la « bonne résolution » de début d'année que nous avons mis en place, souvent au prix de gros efforts, pour ... quelques semaines.

La résistance au changement s'exprime souvent par au retour au fonctionnement antérieur après une tentative de changement initial.

Le rythme des séances n'est plus le même : elles peuvent s'espacer. Il est même souhaitable de laisser le sujet sur des périodes plus longues pour qu'il puisse se tester dans sa capacité à maintenir le changement.

Les séances viseront à explorer les comportements dans les situations cibles et de vérifier la stabilité du changement. C'est à ce moment que les critères d'atteinte des objectifs seront réutilisés pour vérifier que la démarche a produit les fruits attendus.

La conclusion

Lorsqu'on est sûr de la pérennité du changement, il faut conclure le coaching.

Cette conclusion vise à synthétiser l'ensemble de la démarche pour montrer au sujet d'où il est parti, quels étaient ses objectifs et comment il a pu changer.

Une bonne conclusion doit insister sur la mise à jour des mécanismes ayant permis le changement de façon à ce que le sujet se les approprie et puisse les réutiliser à d'autres occasions voire lui-même comme accompagnateur du changement.

Plan d'ensemble du coaching	
Etapes	**Contenu**
Fixation d'objectifs	• Sélection d'un ou deux objectifs possible à atteindre. • Définition de critères d'atteinte.
Mise en place du changement comportemental	• Mise à jour des émotions et des représentations en amont des comportements cibles. • Modification des représentations dysfonctionnelles. • Mise en place des comportements alternatifs.
Consolidation	• Vérification de la pérennité du changement dans le temps.
Conclusion	• Mise à jour du mécanisme de changement comportemental.

Le contenu de l'entretien

Un entretien comporte plusieurs étapes. Il est clair qu'en fonction de l'avancement du coaching les entretiens ne sont pas tous structurés de la même façon. Cependant, il est nécessaire de disposer d'une trame que l'on pourra presque toujours réutiliser et qui guidera le coach dans sa pratique.

Cette trame repose sur quatre temps successifs :

1. Bilan des exercices
2. Travail sur les comportements cibles
3. La synthèse de l'entretien
4. La définition de nouveaux exercices

Le bilan des exercices

Le coaching est un temps de recul, de réflexion, de prise de conscience et de régulation des émotions mais l'essentiel, c'est-à-dire l'action, se passe en dehors des séances. Chaque séance commence donc par un point sur la mise en pratique. Quelles difficultés ont été rencontrées ? Dans quelle mesure le fait d'agir autrement a permis une prise de conscience ? Quels ont été les effets des actions sur l'entourage ? etc.

Les exercices peuvent être de nature différente. Au début, le travail demandé sera principalement un travail d'observation du sujet par lui-même et d'auto-évaluation. Puis, ce travail sera centré sur la modification des représentations. Enfin, c'est autour de la mise en pratique de nouvelles actions que se feront les prescriptions.

Le travail sur les comportements cibles

Comme dans toute approche comportementale, les comportements cibles à changer sont hiérarchisés en fonction de difficultés croissantes. Il faut toujours commencer par le plus facile. L'un des rôles du coach est parfois de pondérer les excès d'ardeur de son interlocuteur. Souvent, en effet, la prise de conscience du mécanisme d'un comportement dysfonctionnel donne l'illusion que la mise en pratique sera simple. Entre l'intention et l'action le chemin est encore long ; la force de l'habitude, les attentes des autres, la difficulté à faire autrement. Tout concorde souvent à nous conduire à nous reproduire nous-même. Le changement doit donc se faire en étapes successives dans un crescendo orchestré au cours des séances de coaching.

L'efficacité de ce travail repose principalement sur la précision que le coach met dans sa capacité à décortiquer le mécanisme du comportement. C'est un véritable travail d'horloger. Il faut démonter minutieusement pour remonter pièce à pièce en ayant au préalable modifié celle qui était défectueuse.

Au cours des entretiens, le travail d'horloger doit se faire tout en cadrant son interlocuteur qui parfois souhaite orienter l'échange vers des préoccupations plus actuelles sur lesquelles il souhaiterait recueillir l'avis de son coach.

Celui-ci continue à approfondir et à explorer à fond le mécanisme des comportements sans brûler les étapes.

La synthèse de l'entretien

Temps indispensable qui permet de retenir l'essentiel, la synthèse ne doit pas être oubliée. Le coach de ce point de vue doit savoir cadrer l'entretien dans le temps de façon à garder les quelques minutes indispensables qui font que les deux protagonistes retiendront les mêmes points clés. C'est d'ailleurs cette synthèse qui sera le support des notes éventuelles qui pourront être prises.

Une bonne manière de vérifier que l'on a fait une bonne synthèse est de demander à son interlocuteur de dire ce qu'il a retenu de la séance précédente. Si son résumé ne correspond pas à ce que vous en avez retenu c'est que la synthèse n'était pas bonne. **La synthèse est le socle sur lequel vous pouvez construire.**

Chaque synthèse doit bien mettre en évidence le cheminement de l'entretien et le mécanisme utilisé par le coach pour faire avancer son interlocuteur. C'est à travers les synthèses que le coach transmet sa méthode en la commentant.

La prescription de nouveaux exercices

L'entretien se termine par les nouvelles mises en pratique. Il faut que le sujet soit bien convaincu qu'il pourra atteindre l'objectif qu'on lui donne. L'attitude contraire conduirait ici encore à l'échec.

Contenu d'un entretien type	
Les temps de l'entretien	**Leur contenu**
Bilan des exercices	• Faire un point des succès et des difficultés rencontrées dans la pratique.
Travail sur les comportements cibles	• Mettre à jour les mécanismes des comportements. • Modifier les éléments dysfonctionnels. • Elaborer de nouveaux plans d'action.
Synthèse de l'entretien	• Résumer le cheminement de l'entretien. • Montrer la technique utilisée par le coach.
Prescription de nouveaux exercices	• Fixer les nouvelles étapes à franchir avant le prochain entretien.

Comment apprendre à coacher ?

Si je veux m'y mettre demain par quoi dois-je commencer ?

Il est clair que l'usage de toutes les techniques que nous avons évoquées ne peut se faire d'emblée. Nous vous proposons donc une pédagogie pour commencer à travailler avec des collaborateurs et à apprendre le coaching.

Pratique du questionnement, de la reformulation et du cadrage : trois séances

L'exercice consiste à travailler dans les entretiens habituels avec un collaborateur (par exemple sur le thème d'une recherche de solution à un problème) en utilisant les trois techniques sus-citées.

Le questionnement

En apparence, c'est très simple : il suffit de mettre un point d'interrogation à la fin de chaque phrase. Dans tous les cas, on a un avis sur le sujet abordé mais on s'interdit d'en faire part à l'autre pour le conduire lui-même à se construire son propre avis. La démarche du questionnement suit la forme de l'entonnoir. On part du large et du général pour progresser vers le précis. Cela signifie que l'on va pousser dans ses retranchements son interlocuteur, on va l'obliger à explorer des alternatives qu'il n'avait pas envisagé, on va lui demander de justifier ses prises de position. Bref, peu à peu les questions le conduisent à avancer.

Il ne faut surtout pas s'interdire les questions de bon sens et qui pourraient remettre en cause l'évidence : ce sont souvent les plus utiles.

> – *Si je refuse de faire ce que me demande mon chef, il ne va pas apprécier.*
>
> – *Qu'est-ce qui vous fait dire ça ?*
>
> – *Personne n'apprécie qu'on lui refuse quoi que ce soit.*
>
> – *Vous en êtes sûr ?*

Le sujet coaché exprime ce qu'il considère être une vérité première. A partir d'une généralité, il projette sur son manager des attitudes supposées qui le conduisent à choisir, lui, certains comportements. La remise en cause de ses certitudes vont l'amener à adapter à la situation présente (en l'occurrence la relation manager/managé) une évidence qu'il n'aurait jamais remise en cause : peut-être que son chef attend qu'il refuse pour le surcharger de travail, qu'il considère que ses collaborateurs doivent lui résister, etc.

Tout ce que dit votre interlocuteur, vous devez le conduire à le justifier et à le préciser.

La reformulation

Toutes les trois ou quatre questions, il faut reformuler ce que vous avez compris des propos de votre interlocuteur. Cette reformulation a deux fonctions principales.

La première est pour vous. En reformulant vous synthétisez et en synthétisant vous progressez dans l'avancée du problème. Le seul fait de formuler à voix haute ce que vous avez compris des propos de votre interlocuteur, vous oriente souvent sur la suite. C'est très utile au cours des premières séances des apprentis coach inquiets de ne plus savoir quelle question suivante poser.

Si, malgré la reformulation, on ne sait pas dans quelle direction il faut avancer, il est utile d'exprimer ses doutes à voix haute. Cela permet éventuellement à votre interlocuteur de vous aider et comme souvent la formulation à voix haute facilite la recherche de solution.

L'autre fonction de la reformulation est pour votre interlocuteur, le fait d'entendre la synthèse de ce qu'il a dit, formulé par un autre. Cela l'aide à se positionner par rapport à lui-même. En vous entendant, il vous dira que vous n'avez pas bien compris ou se rendra compte qu'il a omis des éléments qu'il juge important et à son tour rassemblera sa pensée pour la rendre plus claire.

La reformulation est la colonne vertébrale de l'échange. Chaque reformulation est une vertèbre. Au fur et à mesure de vos reformulations l'échange se structure avec une épine dorsale solide.

Le cadrage

Il arrive que le questionnement gène votre interlocuteur, que l'exercice de l'entonnoir qui l'oblige à la précision soit difficile. Il pourrait donc chercher à sortir de l'entonnoir en vous entraînant vers des sujets connexes qui lui évitent d'explorer à fond un thème donné. Il faut donc imperturbablement le ramener à votre sujet initial. Cela suppose une grande souplesse de positionnement à son égard. Dans les deux étapes précédentes vous le placez dans la position de celui qui sait et vous dans celle de celui qui cherche à comprendre. Pour recadrer, à l'inverse, vous devez reprendre la position haute.

> – *J'ai bien compris que vous aviez un problème avec votre collègue qui refuse de participer aux réunions du projet que vous menez, mais cela n'entre pas dans le sujet que nous avons choisi de travailler ensemble.*
>
> – *Oui, mais vous êtes là pour m'aider à traiter mes problèmes ou alors je n'ai rien compris à votre rôle.*
>
> – *Je suis là pour vous aider à mettre en place des changements comportementaux mais si vous le souhaitez nous garderons cinq minutes à la fin de notre entretien pour en parler, pour autant je ne suis pas sûr que cela soit suffisant pour régler le problème. Nous pouvons donc les consacrer à réfléchir aux méthodes que vous pourriez utiliser pour le résoudre.*

Cadrer votre interlocuteur, c'est fermement le ramener à sa demande initiale. Paradoxalement, en répondant aux demandes de votre interlocuteur, vous pouvez lui donner l'impression de votre incompétence. Très vite, il peut avoir le sentiment que vos conseils ne sont pas plus avisés que ceux de ses amis (et d'ailleurs pourquoi le seraient-ils) et que votre valeur ajoutée est de faciliter l'expression ; ce qui est bien peu. Un coach efficace ne se laisse pas ballotter au gré des demandes successives mais il mène à bout la mission initiale qu'il s'est fixée avec son interlocuteur.

Notre préconisation est donc de faire au moins trois séances au cours desquelles votre seul objectif est d'utiliser ces trois techniques et seulement ces trois techniques. Comme souvent cela paraît simple lorsque c'est décrit mais c'est plus difficile lorsqu'il faut le pratiquer.

Identifier les représentations et les émotions en amont des comportements : trois séances

Pour pratiquer cette technique, il faut trouver des exemples de situations où l'on va explorer avec un collaborateur un fonctionnement ou un comportement qui est jugé dysfonctionnel. Il faut être clair avec le collaborateur sur l'objectif de l'exercice : chercher à comprendre ce qui le conduit à agir de tel façon de manière à pouvoir l'aider à changer.

Attention pour autant à ne pas tomber dans le piège de la recherche du pourquoi. Pourquoi agis-tu ainsi ? Pourquoi as-tu telle attitude ? Pourquoi n'arrives-tu pas à changer ? Contrairement à ce que laisse à penser tout un courant de la psychologie, la recherche du pourquoi n'aide pas à trouver des solutions sur le comment changer. Les causes sont presque toujours multiples et étalées dans le temps. La plupart du temps, elles remontent à l'enfance et le fait de les mettre en évidence (à supposer que cela soit possible) ne facilite pas le changement. En quoi le fait de savoir que ma position dans ma fratrie et mes relations à mes parents me désécurisaient est un lien avec mon besoin de tout contrôler facilitera-t-il ma capacité à déléguer demain ?

La recherche du pourquoi fait plaisir car on plonge dans le passé, elle flatte notre esprit cartésien car connaître les causes rassure mais elle fait perdre beaucoup de temps souvent pour rien.

Pire encore, cela peut être très déstabilisant pour un collaborateur. De plus, il nous paraît évident qu'en aucun cas les aspects de problématique personnelle ne doivent être abordées dans le cadre de l'entreprise. Cette dernière a déjà facilement tendance à investir les champs de vie personnelle de ses collaborateurs. Il serait particulièrement dangereux que par le biais du coaching, elle se mêle de faire des pseudo psychothérapies. Les choses sont pour nous tout à fait claires : les aspects personnels c'est-à-dire ce qui ne concerne pas directement les comportements au travail ne doivent jamais être abordés.

Il ne s'agit donc pas de comprendre pourquoi les sujets ressentent telle ou telle émotion mais de faire le lien entre les émotions, les représentations et les comportements.

On va utiliser les techniques de questionnement, reformulation et cadrage en centrant l'entretien uniquement sur comment le sujet a vécu l'événement ou la situation problème.

– *Au cours de notre dernière réunion de comité exécutif, tu n'es pas intervenu du tout ; est-ce que tu n'avais rien à dire ?*

– *Si deux ou trois fois, je me suis dit que je pourrais donner mon avis.*

– *Tu te souviens précisément des moments où tu aurais pu intervenir ?*

– *Oui, par exemple lorsqu'on a évoqué la fermeture de l'agence de Nancy, comme je connais bien le contexte et que dans l'exposé de Marie-Laure il manquait des choses, je me suis dit que je pourrais compléter.*

– *Et pourquoi ne l'as-tu pas fait ?*

– *Je n'étais pas sûr que cela pouvait avoir un intérêt.*

– *Et alors ?*

– *Alors dans le doute j'ai préféré m'abstenir.*

– *En somme, ce que tu es en train de me dire c'est que l'on ne peut intervenir en réunion que si l'on est sûr que ce qu'on a dire à de l'intérêt.*

– *Non, évidemment sinon on ne dirait pas grand chose.*

– *Alors qu'est-ce qui t'a retenu de donner ton opinion ?*

– *J'ai eu peur d'être à coté de la plaque.*

L'échange n'est pas terminé mais déjà apparaissent une représentation « il ne faut parler que si on est sûr de ce qu'on a à dire » et une émotion « la peur d'être à côté de la plaque ».

Il faut maintenant continuer à explorer les représentations car il y a probablement des postulats de base comme le perfectionnisme. Ces postulats de base qui nous viennent souvent de notre enfance et que nous n'avons jamais remis en cause sont très importants à identifier puis à remettre en cause.

Ils impactent très fortement les émotions et sont ancrés depuis tellement longtemps dans nos esprits que l'on n'envisage même pas de les remettre en cause. Là encore, il ne s'agit pas de remonter à la petite enfance pour les mettre en évidence mais simplement de faire formuler à son interlocuteur des représentations.

Les postulats de base le plus souvent rencontrés

- *le perfectionnisme*
  tout ce que je fais doit être parfait sinon je suis nul et je me sens coupable
- *ne pas faire de peine*
  il ne faut jamais faire de peine aux autres sinon on est méchant
- *être aimé de tous*
  je dois plaire et être aimé de tous sinon je ne vaux rien
- *avoir peur d'être manipulé par les autres*
  je dois me méfier de tous parce qu'ils cherchent à tirer parti de moi
- *avoir peur d'être ridicule*
  si je me montre tel que je suis on va se moquer de moi
- *ne pas montrer ses erreurs*
  si je montre mes erreurs, ils vont dire que je ne vaux rien

Chacun de ces postulats de base active des émotions lorsqu'ils sont sollicités par les situations que rencontre le sujet.

Pour bien identifier les représentations et mettre en évidence les postulats de base, il est nécessaire de pousser son interlocuteur toujours plus loin dans les conséquences de sa représentation initiale. C'est ce qu'on appelle la technique des flèches descendantes. A chaque assertion on pose la question : et alors ?

– Tu pourrais être à côté de la plaque, et alors ?

– Alors, je les vois sourire d'ici.

– Et alors.

– Alors, je ne veux pas passer pour un idiot.

– Qu'est-ce qui se passerait si tu passais pour un idiot ?

– Comme personne n'a envie de travailler avec un idiot ils me foutraient dehors.

On met à jour la chaîne de représentations : le sourire des autres signifie qu'ils me prennent pour un idiot, si je suis considéré comme un idiot, je serai mis à la porte.

> Le travail sur les représentations permet de remettre à jour parmi nos schémas ceux qui ne sont plus adaptés à notre environnement.

La restructuration cognitive peut commencer

Il est très tentant de brûler les étapes. Très vite au cours de la mise en évidence des représentations et des émotions, on identifie des aspects irrationnels. Et évidemment, on a envie d'en faire prendre conscience à son interlocuteur. Pas de précipitation, il est nécessaire d'explorer la représentation à fond avant de la remettre en cause.

Les principales formes de distorsions cognitives

A chaque fois que nous interprétons les faits de façon décalée par rapport à la réalité nous avons une distorsion cognitive. Il est clair que c'est principalement en raison de nos propres émotions que nous faisons ces erreurs d'interprétation. Le mari qui redoute d'être trompé et qui constate le retard de sa femme confirme ses craintes de cet événement qui peut avoir de nombreuses autres causes. Ce faisant, il fait ce qu'on appelle une inférence arbitraire. Ces distorsions se font à notre insu. Notre interprétation des faits nous paraît parfaitement réaliste au moment où nous la faisons, tout imprégnés que nous sommes de nos représentations et de nos émotions.

Les quatre principaux mécanismes de distorsions cognitives sont les suivantes.

a) La sélection arbitraire

– Pierre, je voulais vous voir pour faire le point sur votre dernière mission. Globalement le client était très satisfait et je voulais vous en féliciter. Le seul point sur lequel j'aurais une critique à

vous faire concerne les délais. Vous avez dérapé de deux semaines par rapport au planning et cela nous a décalé pour les missions suivantes ce qui évidement pose problème par rapport aux clients.

Pierre rentre découragé dans son bureau. A son collaborateur qui lui demande ce qui ne va pas il répond :

– *Je me suis donné un mal fou sur cette mission et tout ce qu'il trouve à me dire c'est que nous n'avons pas tenu les plannings.*

On le voit, la sélection arbitraire consiste à choisir dans les informations celles qui viennent confirmer nos *a priori*. Pierre a complètement ignoré les félicitations et n'a retenu que la critique. Un autre aurait pu faire une sélection inverse en ne gardant que les compliments sans retenir la critique.

b) Le raisonnement dichotomique

– *J'en étais sûr !*

– *De quoi ?*

– *Christian... il veut ma peau.*

– *Qu'est-ce qui te fait dire ça ?*

– *Lorsque j'ai présenté mon projet, il a apporté des objections et il a même été jusqu'à dire qu'à son avis il n'était pas suffisamment élaboré.*

– *Et alors ?*

– *Ça signifie qu'il ne me soutient pas, donc c'est mon ennemi.*

Le raisonnement dichotomique est un raisonnement en tout ou rien. Si ce n'est pas blanc c'est noir, pas de gris ni de nuance dans les perceptions de ceux qui perçoivent les choses avec cette distorsion.

c) La sur-généralisation

– *De toutes façons, je ne sais pas vendre.*

– *Comment ça tu ne sais pas vendre ?*

– *Non, l'autre jour j'ai passé deux heures avec un client et il ne m'a rien commandé.*

La sur-généralisation consiste à généraliser de façon excessive les conséquences d'un comportement ou d'une situation donnée.

d) L'inférence arbitraire

Il va se passer des choses dans l'entreprise. Tout le monde en parle mais rien n'est « officiel ». On sait seulement que les deux dirigeants principaux discutent d'une scission en deux branches. Autour d'un café, Martine parle avec sa collègue de ses relations avec les dirigeants.

> – *Je ne comprends pas pourquoi Durand m'en veut ?*
>
> – *Mais qui te dit qu'il t'en veut ?*
>
> – *Il ne me parle pas alors que Lévy lui, me raconte tout ce qui se passe dans les négociations.*

Lorsqu'on déduit d'un élément ou d'un comportement une conclusion erronée, on est dans l'inférence arbitraire. Nous confirmons d'une information une conviction initiale ou une crainte particulière.

Toutes ces distorsions cognitives sont notre lot quotidien à tous. Il est clair qu'elles sont de nature à nourrir nos comportements et à détériorer nos relations aux autres. C'est pourquoi, il est important d'apprendre à les déceler et à les mettre en évidence afin de s'en prémunir du mieux possible. Le coach en mettant en évidence les distorsions cognitives de son interlocuteur l'aide à progresser dans ce sens.

Modifier les représentations : trois séances

Une fois que les représentations ont été mises en évidence et qu'elles ne s'avèrent, pas conformes à la réalité dans laquelle évolue le sujet, il faut l'aider à les remplacer par des représentations plus adaptées. C'est ce qu'on appelle la restructuration cognitive.

Dans un premier temps on vérifie le lien entre la représentation, l'émotion et le comportement.

> – *Est-ce que la peur qu'ils te prennent pour un idiot et que tu sois mis à la porte est en rapport avec le fait que tu ne dises rien ?*
>
> – *Oui, enfin je pense.*
>
> – *Si l'on raisonne à l'inverse, si tu n'avais pas peur d'être mis à la porte et d'être pris pour un idiot, tu penses que tu te serais plus facilement exprimé ?*
>
> – *Oui sans aucun doute.*

Il faut ensuite faire explorer par le sujet ses représentations afin de savoir si elles sont conformes à sa perception de la réalité.

– *Si je comprends ce que tu me dis* (reformulation) *d'une part lorsqu'on prend la parole en réunion si ce qu'on dit est jugé comme manquant d'intérêt on est pris pour un idiot et d'autre part que si on est pris pour un idiot on est mis à la porte.*

– *Dit comme cela, ça ne me paraît plus aussi évident mais oui c'est un peu cela.*

– *Est-ce que tu es d'accord pour que l'on examine ces représentations pour voir si tu les considères comme conformes à la réalité (explication du procédé utilisé au sujet et recueil de son adhésion).*

– *Oui, ça me convient.*

– *Commençons par « être pris pour un idiot » ; est-ce que tu penses que l'on est jugé sur une intervention en réunion ?*

– *Non mais dans l'équipe, ils ne sont pas tendres.*

– *D'accord mais supposons que tu aies fait cette intervention et qu'elle ait été jugée comme « à coté de la plaque » qu'auraient-ils pensé ?*

– *Je ne sais pas probablement : « il aurait mieux fait de se taire », ou encore «je ne comprends pas pourquoi il intervient dans un domaine qui n'est pas le sien ».*

– *Rien d'autre ?*

– *Ils auraient pu me le faire remarquer (nous sommes là dans une autre émotion qui n'est plus liée à ce que pensent les interlocuteurs mais à ce qu'ils pourraient faire, elle doit être explorée dans un second temps et d'abord par la méthode des flèches descendantes).*

– *Restons sur ce qu'ils pouvaient penser. Es-tu sûr qu'ils ne pouvaient pas penser autre chose que « il aurait mieux fait de se taire » ou «il ne vaut pas intervenir dans un domaine qui n'est pas le sien » ?*

– *Si sûrement qu'ils se seraient dit que je ne suis pas très malin.*

– *D'accord et s'ils se disent que « tu n'es pas très malin » ?*

– *Ils vont penser que je suis un idiot, c'est ce que je disais (le risque à ce moment est d'avoir une impression forte de tourner en rond pour le coach et le coaché).*

– *Est-ce que ce qui n'est pas très malin c'est ce que tu dis ou toi ?*

– *En l'occurrence c'est ce que je dis.*

– *Est-ce que tu penses que ces gens avec lesquels tu travailles depuis longtemps peuvent changer d'avis sur toi pour une intervention en réunion ?*

– *Non, je ne crois pas.*

– *Tu ne crois pas ou tu en es sûr ?*

– *Non, c'est sûr qu'ils savent ce que je vaux dans mon domaine.*

– *Tu es donc certain que même si tu disais une bêtise ils ne changeraient pas foncièrement d'opinion sur toi.*

– *Pas à cent pour cent mais à quatre vingt.*

– *Est-ce que si tu imagines maintenant faire une intervention inappropriée cela te provoque moins d'émotion ?*

– *Oui je pense.*

– *Comment reformulerais-tu ta représentation pour être sûr de t'en souvenir ?*

– *Je ne sais pas peut-être « même si je dis une connerie de temps en temps en réunion, ça ne porte pas à conséquence ».*

Les méthodes pour faire de la restructuration cognitive reposent toujours par un travail de prise de distance et de tentative de porter un regard plus objectif sur les faits.

Parfois devant la difficulté éprouvée par certains pour se forger une conviction, on a recours à la technique des deux colonnes. Dans l'une des colonnes on met les arguments en faveur d'une représentation et dans l'autre les arguments en défaveur puis on fait un bilan entre les deux. On peut même pondérer le degré de croyance que l'on a dans chaque proposition.

A la fin de l'exercice, le sujet doit formuler avec son propre vocabulaire la représentation qu'il considère comme la plus conforme à la réalité. Cette représentation doit être écrite pour être réutilisée et venir se substituer à celle qui est considérée comme non conforme à la réalité et à l'origine du comportement inadapté.

Les risques de cette étape du coaching est d'essayer de convaincre l'autre du fait qu'il a tort. C'est souvent très tentant de démontrer alors qu'il faut faire découvrir.

Dans le cadre de cet apprentissage au coaching nous proposons de consacrer trois séances de pratique consacrées uniquement à la restructuration cognitive.

Mise en place de nouveaux plans d'action, trois séances

Reste à passer à l'action, à mettre en œuvre le changement dans les comportements. Ici encore lenteur et progressivité sont mères d'efficacité.

Première règle : toujours commencer par des petits changements comportementaux qui paraissent faciles au sujet qui va les vivre. Il faut donc choisir dans un premier temps des situations relationnelles sans enjeu important. Pas question d'apprendre à nager en lançant l'élève là où il n'a pas pied. On lui fait découvrir qu'il peut flotter dans un cadre sécurisant où il a pied pour lui donner envie de se lancer progressivement vers le large.

Deuxième règle : laisser, dans la mesure du possible, le sujet choisir lui-même les étapes suivantes à franchir. C'est lui qui décide ce qu'il peut faire. Le coach est le garant de la progressivité mais aussi d'avancées.

Troisième règle : ne passer au comportement suivant que lorsque le premier est parfaitement acquis. Pour cela, il est nécessaire de revenir en détail sur la manière dont le sujet a mis en place les plans d'action qui ont été décidés. Il faut l'interroger sur ses ressentis et ses représentations au cours de l'exercice de façon à vérifier que le travail de restructuration cognitive en amont a été suffisamment bien fait pour se montrer opérationnel.

Quatrième règle : renforcer positivement chaque petite avancée. Comme dans tout apprentissage on a besoin d'encouragements et de félicitations. On insiste sur le bénéfice que le sujet peut trouver dans le nouveau comportement. Les difficultés, en revanche, sont analysées et dédramatisées. Il est normal de ne pas tout réussir la première fois ; l'important est de comprendre pourquoi. Comme le cavalier désarçonné remonte immédiatement sur le cheval, il faut comprendre les raisons de l'échec et redonner un objectif proche même si parfois il est un peu moins ambitieux que le précédent.

Cinquième règle : savoir arrêter le coaching. Dans un coaching réussi, il se crée un lien entre le coach et le coaché. Ce lien est souvent fait de complicité, voire d'un certain plaisir à travailler ensemble. Dès lors les rendez-vous peuvent devenir un rituel au cours duquel on échange sur un sujet et l'autre ou les préoccupations du moment. Ce n'est plus du coaching au sens de l'accompagnement du changement. Le risque est de ne plus vraiment avoir d'objectifs et donc plus du tout d'efficacité. Nous n'avons rien contre le plaisir, au contraire, mais ce serait tuer le coaching d'en faire l'unique finalité.

Voyons maintenant des cas pratiques pour illustrer la technique et les difficultés à la mettre en œuvre.

Troisième partie

Le coaching en pratique

Introduction

Les exemples d'entretien de coaching que nous présentons sont très proche de la manière dont ils se déroulent réellement. Parfois nos coachs apprentis s'égarent ou tombent dans les pièges usuels du coaching.

Nous le signalons d'un icône danger ⚠ qui renvoie à un commentaire à droite du dialogue.

Chapitre 5

EXEMPLES PRATIQUES DE COACHING

1
Paul, un contremaître « sur-sollicité »

Stéphane est cadre dans une compagnie d'assurance. Il a la responsabilité de deux unités de production. Il encadre deux agents de maîtrise et deux équipes de douze techniciens. Une réflexion sur l'organisation de son service a révélé un mode de management trop réactif. Stéphane et ses deux agents de maîtrise ont tendance à faire plutôt que de faire faire. Pour modifier leur comportements managériaux, Stéphane a mis en place un système de coaching. Il rencontre ses deux contremaîtres une fois par semaine pour un entretien individuel.

Paul, un de ses deux agents de maîtrise se sent débordé par sa charge de travail. C'est un agent de maîtrise consciencieux et volontaire. Avec Stéphane, il s'est donné comme objectif de progression, l'amélioration de ses capacités à faire face à la pression des autres et à hiérarchiser les priorités.

– *Depuis six mois, c'est infernal, je n'ai pas un moment de répit pour faire mon travail. Je suis constamment sollicité par mon équipe pour intervenir en pompier.*
– *Tu trouves que tu es trop sollicité par ton équipe ?*[1]

1. Le coach procède par questionnement inductif, sans faire de commentaire, sans donner d'argument. Quand il pose des questions, il adopte un positionnement relationnel (*) en complémentarité basse. Il utilise des questions ouvertes.

* Voir page 62.

– Oui, ils sont surchargés et ont toujours besoin de moi pour les aider. Tu vas me dire que je ne sais pas dire non, mais j'aimerais bien te voir à ma place.

– Donc ce que tu penses, c'est qu'actuellement tu ne peux pas faire autrement que de répondre à leurs demandes.[1]

– Oui, c'est ça. Si on veut atteindre nos objectifs de production, il ne faut pas qu'ils se dispersent.

– Comment fais-tu pour terminer ton travail ?[2] ⚠

– Je ramène mes dossiers et les notes chez moi le soir pour rattrapper le temps perdu.

– Est-ce vraiment suffisant pour remplir totalement ton rôle de manager ?

– Non, je suis bien conscient que je ne consacre pas assez de temps à communiquer avec mes collègues sur la mise en place des nouvelles applications et sur l'organisation des équipes. Ça, je ne pourrai jamais le faire chez moi.

1. Le coach va alterner très fréquemment la reformulation et le questionnement. Cette technique lui permet, pas à pas, d'aider l'autre à formuler et à préciser ses représentations sans transformer l'entretien en interrogatoire. Le coach reformule en moyenne toutes les trois questions.

2. ⚠ Cette question éloigne Stéphane du questionnement initial. Il aborde un autre thème. Le coach doit cadrer l'entretien pour faire aboutir son questionnement.

(*) Positionnement relationnel

Selon les systémiciens il existe deux types de positionnement relationnel :

– Le positionnement en symétrie où les deux protagonistes sont à égalité dans la relation. Souvent dans le positionnement symétrique, il peut y avoir recherche des deux protagonistes à prendre la position haute sur l'autre comme par exemple dans les conflits. Ils sont alors en symétrie inflationniste.

– Le positionnement en complémentarité qui place un intervenant en position haute (position d'autorité) et un intervenant en position basse (position d'écoute et de subordination).

Attention. Il n'y a pas de positionnement relationnel idéal. Ce qui est important, c'est la souplesse du positionnement relationnel qui permet un passage fréquent d'une position à l'autre. Cela permet d'avoir une bonne qualité relationnelle et une communication efficace.

Le coach doit aller au bout de ses questions. Il ne se contente pas de la première réponse. Il oblige son interlocuteur à s'interroger sur ses réponses et à préciser au maximum son point de vue.

– *Qu'est-ce que tu veux dire par « ils se dispersent » ?*

– *Ils vont commencer à discuter du problème entre eux, puis si ça ne suffit pas, ils vont sortir de la pièce pour descendre à la documentation. Ils vont déconcentrer les autres et faire perdre du temps à tout le monde.*

– *Donc ce que tu penses, c'est que c'est plus efficace quand tu règles toi-même leur problème.*

– *Oui, c'est exactement ça !*

Maintenant Stéphane va poursuivre l'exploration de la situation problème et à travers cette exploration il va pouvoir évaluer la représentation de Paul. Ici pour faire apparaître la représentation, Stéphane interroge Paul sur les différentes possibilités d'action. Ce questionnement amène la représentation qui bloque tout changement de comportement (« *si je ne réponds pas à leurs demandes, ils vont penser que je ne sers à rien* ») :

– Quand un de tes techniciens vient t'interrompre dans ton travail, comment ça se passe ?

– Ça m'agace, mais j'essaye de ne pas le montrer. Ensuite, je règle son problème le plus vite possible pour ne pas perdre de temps. Il faut être réactif pour rester efficace, d'ailleurs tu nous le répètes assez souvent.

– A part répondre tout de suite à leurs demandes, quels sont les autres comportements possibles dans cette situation ?

– Je pourrais facilement refuser de les aider mais ça poserait trop de problèmes. Ils vont mal le prendre et s'ils en parlent entre eux ça risque de démotiver toute l'équipe.

– Est-ce qu'il y a d'autres conséquences à craindre, selon toi, si tu leur refuses ton aide ?[1] ⚠

– Oui, je pense que rapidement, ils vont se dire que je ne sers à rien.

– Y a-t'il encore d'autres risques ?

– Oui, l'ambiance va se dégrader et on n'atteindra jamais nos résultats.

1. ⚠ Ici Stéphane passe trop vite de l'exploration des comportements problèmes à l'évaluation des conséquences d'un comportement. Il devrait persister dans la recherche des différents comportements possibles.
Le coach doit toujours prolonger la réflexion en faisant formuler toute les possibilités même si certaines sont beaucoup moins probables que d'autres. Stéphane devrait noter les hypothèses de comportement, puis ensuite recadrer l'entretien pour évaluer leurs conséquences. Par exemple : quelles sont les conséquences envisageables si Paul accepte de répondre à la demande ? On pourrait aussi imaginer que Paul peut différer sa réponse ou orienter son collaborateur vers quelqu'un d'autre. Il ne doit jamais admettre comme une évidence la première réponse même si spontanément il aurait pu la donner. Il doit systématiquement questionner l'évidence.

Modification des représentations	
Techniques	**Contenu**
Examiner l'évidence	• Questionner l'évidence. • Arguments pour soutenir l'évidence. • Arguments contre l'évidence.
Évaluation des conséquences	• Avantages. • Inconvénients. • Comparaison court-terme/moyen-terme.
Décentration	• Imaginer les représentations d'un tiers placé dans la même situation.
Jeux de rôle	• Mise en situation. • Application d'une représentation alterne. • Évaluation des conséquences dans le jeu de rôle.
Épreuve de réalité	• Agir à l'inverse de la représentation et constater les conséquences.

L'étape suivante pour Stéphane est d'aider Paul à modifier sa représentation initiale (« *Je pourrais facilement refuser de les aider mais ça poserait trop de problèmes. Ils vont mal le prendre et s'ils en parlent entre eux ça risque de démotiver toute l'équipe* »). Ici pour faire évoluer la représentation, Stéphane va pousser Paul à explorer systématiquement les conséquences possibles de sa représentation (technique dite de « la flèche descendante ») :

– *Est-ce que tu penses que tous tes techniciens vont mal le prendre si tu refuses de les aider ?*

– *Non, c'est vrai. D'ailleurs, il y en a quelques-uns à qui il m'arrive de refuser et ils ne font pas d'histoire.*

– *Est- ce que tous tes techniciens te sollicitent autant ?*

– *Non, il y en a même quelques-uns que je ne vois jamais.*

– *Comment tu expliques ça ?*

– *Il y en a qui sont plus compétents et plus débrouillards que les autres.*

– *Donc, si je résume ce que tu viens de me dire, il n'y a que quelques techniciens qui t'accaparent et ils ne réagiraient pas tous de la même manière si tu leur refusais ton aide.* (reformulation spécifique *(page ci-contre))*

– *Oui..... Mais alors, j'en ai deux, c'est vraiment impossible de leur refuser. Si je leur dis non, ils vont traîner des pieds pour le reste de la journée.*

– *Mais à ce moment là, est-ce que comme eux les autres vont montrer de la mauvaise volonté ?*

– *.......*

– *Est-ce que ça va vraiment démotiver toute l'équipe ?*

– *Non... mais comment je vais faire avec Henri et Roger ?*

– *Est-ce que tu ne pourrais pas commencer par essayer de changer d'attitude avec les autres ?*

– *Oui, je pense que cela sera facile.*[1]

– *Et pour Henri et Roger, tu ne vois pas de solution ?*

– *Non... ces deux-à, je ne pourrai jamais les faire changer. Ils sont vraiment incompétents.*

1. Stéphane devrait se demander si c'est aussi facile que cela. Il devrait essayer de comprendre comment Paul va s'y prendre. Il parait en effet important que Paul accepte de prendre un peu de temps pour expliquer son changement d'attitude à l'équipe. Ce sera l'occasion de préciser son rôle. Cette explication l'aidera probablement à commencer son travail de coaching avec Henri et Roger. Pour démarrer leur coaching, il doit auparavant arriver à dépasser sa représentation sur leur incapacité à changer.

(*) Reformulation spécifique

La reformulation spécifique est une reformulation qui fait un résumé intermédiaire des propos de l'interlocuteur. Elle permet de formuler des changements intermédiaires de représentation acquis et de recadrer efficacement l'échange pour progresser de proche en proche dans l'expression d'une représentation différente de la représentation initiale.

De proche en proche Paul, grace à Stéphane, a réussi à modifier sa représentation initiale ce qui lui donne la possibilité d'entrevoir un changement de comportement. Le coach doit cadrer la séance jusqu'à son terme pour que ce travail soit utile. Il aide à définir un changement comportemental suffisamment élémentaire pour qu'il soit accessible rapidement. Il fait préciser à son collaborateur les différentes étapes nécessaires. Attention à ne pas sous-estimer la tâche. Enfin il faut trouver un moyen d'évaluation simple du comportement à atteindre.

En tout état de cause Stéphane devra ensuite travailler avec son collaborateur sur les différentes manières de faire face à ses deux techniciens. Le travail consistera à étudier en détail sa relation avec Henri et Roger. Il faudra trouver une réponse spécifique sur le plan comportemental pour faire évoluer la relation.

Pour commencer, il pourra revenir sur les ressentis de Paul par rapport à Henri et Roger. Pour le faire évoluer dans son contrôle émotionel et dans ses comportements relationnels, il devra là aussi rechercher quelles sont les représentations qui sont en amont des ressentis : *Tu me dis que tes techniciens t'agacent. Comment expliques-tu cela ?*

Dans la suite de son travail de coaching, Stéphane devra réfléchir avec Paul sur plusieurs éléments qui sont apparus dans leur dialogue. C'est une difficulté récurrente du coaching que de rester focalisé sur un seul aspect du problème alors que d'autres questions d'envergure sont amenées dans la discussion. Le coaching n'est pas un entretien qui s'oriente vers les centres d'intérêt naturels ou vers les problèmes opérationnels les plus urgents. Il faut absolument que le coach note toutes les questions qui apparaissent dans la séance de coaching. Il les met de côté pour les reprendre dans d'autres séances. Il faut admettre que l'on ne peut pas régler l'ensemble des problèmes en une seule fois.

Par exemple, dans le cas de Stéphane il sera indispensable de faire explorer à Paul ses représentations sur le changement : *« Non... ces deux-là, je ne pourrai jamais les faire changer. Ils sont vraiment incompétents »*. Cette représentation revient souvent dans les conversations sur le management sans que les questions qu'elles impliquent soient forcément posées. En quoi sont-ils incompétents ? Quelle formation faut-il leur faire suivre pour les faire monter en compétence ? Pourquoi ne leur a-t-on pas proposé une formation plus tôt ou pourquoi n'ont-ils jamais eux-mêmes demandé la formation nécessaire ? Pourquoi ne leur a-t-on pas dit qu'ils présentaient des domaines d'incompétence ?

Les représentations de Paul sur le rôle du manager mériteraient aussi d'être interrogées :

- *Est-ce que tu penses que le rôle du manager, c'est de répondre rapidement à toutes les questions de ses collaborateurs ?*
- *Selon toi, si tu ne réponds pas aux sollicitations de tes collaborateurs, à quoi peux-tu servir d'autre ?*

Le coaching introduit une meilleure qualité relationnelle avec le collaborateur qui constate que son manager s'intéresse réellement à ses problèmes. Cette relation sans concession où la règle est d'aller au fond des questions, même si, *a priori*, il n'y a pas de réponse, est une vraie forme de reconnaissance pour le collaborateur.

2

Patrick est trop perfectionniste

Patrick est responsable de la conception des maquettes de démonstration dans une SS2i. Son manager Jean-Jacques le rencontre pour sa séance mensuelle de coaching. Jean-Jacques pense que Patrick n'est pas assez enthousiaste et qu'il manque de réactivité. Il voudrait qu'il prenne plus de risques.

– *Avec toi Patrick, c'est toujours la même chose, tu commences par me dire que ce n'est pas faisable, qu'on ne va pas y arriver. Puis ensuite, tu viens me trouver pour me dire que tu as un problème et me demander de l'aide alors qu'en fait, tu as déjà la solution.*[1] ⚠

– *Oui, mais toi Jean-Jacques, tu dis toujours oui aux clients. Tu fixes les rendez-vous sans tenir compte des problèmes techniques et ensuite il faut se débrouiller seul.*

– *Non, c'est toi qui est trop perfectionniste. Si je t'écoutais, nos délais seraient si longs qu'on ne vendrait plus rien.*

– *Je ne suis pas d'accord, ce qui compte c'est de présenter une solution qui correspond exactement à la demande du client et de faire une démonstration convaincante.*

– *Tu vois, je le disais bien. Tu es trop perfectionniste !*

– *Non ! En fait, je crois que c'est toi qui manque de rigueur. Tu es trop obnubilé par tes objectifs commerciaux. Quand tu étais à ma place, tu ne raisonnais pas de la même manière.*

1. ⚠ **Critique globalisante et agressive qui ne favorise pas dans la suite de l'échange le développement d'un espace de réflexion et de collaboration.**

– *Ecoutes, on ne peut pas parler avec toi. Tu es incapable de te remettre en cause.*
– *Tu ne sais pas ce que tu dis ! Tout à l'heure, tu me reprochais d'être trop perfectionniste.*
– *Oui dès qu'on te remets en cause, tu deviens agressif. Ça ne sert à rien de discuter avec toi ! Je perds mon temps.*

Jean-Jacques a commencé l'accompagnement de ses collaborateurs au début de l'année. Cette séance avec Patrick est la deuxième. Comme lors de la première séance, Jean-Jacques se confronte à Patrick sans réussir à engager une discussion constructive.

Quelle est la situation ?

Jean-Jacques commence son entretien par une critique. D'emblée, le positionnement relationnel s'installe dans une symétrie avec une escalade conflictuelle incontrôlée. L'échange aboutit au constat que cela ne sert à rien de discuter avec Patrick. Jean-Jacques manque d'assertivité (*) dans sa critique. Il critique plusieurs comportements à la fois et introduit une notion de fréquence (*avec toi, c'est toujours la même chose)* qui donne un ton agressif à sa critique. D'ailleurs, cette formulation lui attire immédiatement une critique en retour et enclenche une série de critiques réciproques dans lesquelles le ton monte. Il crée involontairement une situation bloquée. L'objectif du coaching est complètement perdu de vue. L'échange ne favorise absolument pas un changement chez Patrick qui au contraire se rigidifie tout au long de l'entretien.

(*) L'assertivité

Dans notre communication quotidienne, nous oscillons tous entre un comportement passif et un comportement agressif en fonction des différents contextes que nous abordons. Le comportement assertif se caractérise par une communication verbale et non verbale qui permet de formuler directement ce que l'on pense et ce que l'on ressent tout en tenant compte de ce que l'autre pense et ressent, sans exprimer d'agressivité.

Ce type de comportement favorise les échanges tout en entretenant le respect de soi et de l'autre. Les situations communément abordées dans l'entraînement à l'assertivité sont : la demande, le refus, la critique, la réponse aux critiques et la discussion contradictoire. L'assertivité est une habileté comportementale de base pour mener le coaching. La bonne maîtrise de ce registre de la communication permet d'utiliser des formulations qui induisent un échange plus riche et plus sincère dans le déroulement du coaching.

Pour construire un échange positif, Jean-Jacques doit débuter la discussion par une demande de feed-back sur les objectifs de coaching qu'il a définit avec Patrick. Toutes les séances de coaching débutent par une évaluation des tentatives de changement comportemental définies à la séance précédente. C'est en début de séance, à partir de ce bilan, que l'agenda est élaboré.

– *Selon toi, comment as-tu réagi ce mois-ci quand tu étais sous pression pour réaliser une maquette ?*
– *J'ai l'impression que je n'ai pas changé de comportement. Pourtant, je pense souvent à ce que tu m'as dit, mais ça ne change rien.*
– *Tu avais convenu avec moi de ne plus faire de commentaire sur les délais et de ne plus perdre de temps à vérifier tous les détails concernant la présentation de tes maquettes. Tu devais juste t'investir pour produire un contenu correct.*

Les objectifs reformulés par Jean-Jacques sont sans doute à la fois trop exigeants et trop globaux pour permettre à Patrick de changer. Ils nécessitent des étapes intermédiaires qui seront faciles à définir si Jean-Jacques prend le temps de repérer quelles sont les représentations de Patrick.

Jean-Jacques aurait pu formuler sa critique de manière plus assertive. S'il avait utilisé l'empathie (*) pour essayer de formuler ce que ressentait Patrick, la discussion aurait été beaucoup plus ouverte et contributive. En livrant une hypothèse, il va lui donner la possibilité de se positionner et de communiquer sur ses ressentis.

- *Patrick quand tu me dis que ce n'est pas faisable dans les délais, j'ai l'impression que tu n'as pas envie de le faire ou que tu t' inquiètes du résultat.*
- *Non, tu te trompes quand tu penses que je ne suis pas motivé. Mais c'est vrai que je suis inquiet par rapport à la réaction des clients. J 'ai beau me dire que les présentations se sont toujours bien passées, je pense que je n'en fais jamais assez.*
- *Qu'est ce que tu crains comme réaction de la part des clients ?*
- *Je pense qu'ils vont me faire des critiques.*
- *Je suis d'accord, les clients font facilement des remarques. Qu'est-ce que ça te pose comme problème si les clients te faisaient des remarques ?*
- *Souvent ils font des remarques alors qu'ils ne maîtrisent pas le domaine. Ça m'énerve et je risque de devenir agressif. Je préfère faire une présentation impeccable, comme ça il n'y aura pas de critique.*[1] ⚠

1. ⚠ Jean-Jacques n'utilise pas la reformulation spécifique qui permettrait de préciser une représentation intermédiaire : *tu penses que si on te critique tu pourrais devenir très agressif ?*

(*) L'empathie

L'empathie consiste à se décentrer pour essayer de se mettre à la place de l'autre et imaginer ce qu'il peut penser et ressentir.

– *C'est vrai que souvent tu ne laisses pas intervenir les clients. Ils te posent une question et tu leur dis que ce n'est pas le moment. Tu leur demandes de poser les questions à la fin de ton intervention et quand tu as terminé plus personne n'a de question.*

En centrant la discussion sur les ressentis de Patrick, Jean-Jacques a accédé à ses représentations. Dans l'échange, il veille à ne jamais entrer dans une argumentation directe avec Patrick. Au contraire il l'aide progressivement à aller au bout de ses représentations. Ensuite il va reformuler la représentation de Patrick et l'aider à l'évaluer. Ils vont pouvoir réfléchir sur la relation au client.

– *Donc si je comprends bien, tu penses qu'étant donné que les clients ne sont pas des experts, ils ne devraient pas faire de remarques.*
– *Non, ce n'est pas tout à fait ça. Je ne supporte pas qu'ils me critiquent alors qu'ils ne possèdent pas l'expertise. Leurs critiques ne sont pas justifiées ou ne portent pas sur l'essentiel. Ils chipotent sur des points de présentation sans importance.*
– *Si ce sont des points sans importance à quoi bon s'énerver ?*
– *Oui, c'est vrai ça ne sert à rien. Mais bon, c'est difficile de laisser passer ça.*
– *A quoi ça pourrait te servir alors ?*
– *Leur montrer que c'est moi qui a raison, que c'est moi qui sait. Il ne faut pas se laisser faire.*
– *Est-ce que c'est vraiment utile ?*

> – *Oui, je pense qu'il faut se faire respecter.*
>
> – *Mais quel est l'objectif des présentations, si ce n'est montrer au client qu'on comprend sa demande et qu'on peut y répondre. Pour atteindre cet objectif, que faut-il faire ?*
>
> – *Il faut lui montrer qu'on maîtrise parfaitement le sujet.*
>
> – *Est-ce que tu penses vraiment que si l'on maîtrise parfaitement le sujet qu'on présente, le client pense automatiquement qu'on a compris sa demande ?*
>
> – ....
>
> – *Comment fais-tu pour comprendre tes enfants quand ils te parlent d'un de leur problème ?*
>
> – *J'essaye de bien les écouter et de leur poser des questions pour préciser ce qui ne me semble pas clair ?*
>
> – *Est-ce que tu pourrais adopter le même comportement avec nos clients ?*
>
> – *Oui, mais ce n'est pas le même contexte. Mes enfants, je sais qu'ils me respectent.*
>
> – *Et pourquoi les clients ne te respecteraient-ils pas, si en plus tu cherches vraiment à les comprendre ?*

Pour terminer cette séance de coaching, il reste à définir un objectif de changement comportemental accessible et suffisamment fréquent pour que Patrick ait le maximum de chance d'y arriver, sans oublier d'essayer de définir des étapes.

Il serait probablement assez simple pour Patrick de proposer systématiquement à ses clients de poser leurs questions au fur et à mesure de ses présentations. Jean-Jacques pourrait également suggérer aux clients en début de présentation d'intervenir librement tout au long de la démonstration de Patrick. De même, Patrick pourrait demander régulièrement aux clients s'ils ont besoin de précision ou s'ils ont une question à lui poser. Pour commencer, Patrick pourrait essayer de favoriser des questions au moins deux fois par présentation. Cet objectif sera très facile à évaluer par Jean-Jacques. Pour aboutir facilement à la définition d'un changement de comportement élémentaire, le coach doit prendre le temps de faire préciser les ressentis et les représentations.

Le coaching, c'est accepter de se rendre vraiment disponible. C'est l'occasion pour le manager de prendre du recul et de travailler sur ses modes de communication.

Habiletés de communication pour mener l'échange dans le coaching	
Gestion de ses émotions	• Décodage des messages silencieux. • Perception du langage analogique. • Restructuration cognitive.
Assertivité	• Formulations qui assurent un échange direct et sincère, sans perte de contrôle émotionnel.
Positionnement relationnel	• Positionnement relationnel souple pour éviter d'induire une résistance au changement.
Structure du discours	• Maintien d'un bon équilibre entre cadrage, questionnement et reformulation. • Répartition du temps de parole 1/3 - 2/3.
Style du discours	• Prédominance du style socratique.

Dans le cas de Jean-Jacques, l'utilisation de l'empathie et de formulations plus assertives change complètement le cours de l'échange. Si le manager pense qu'il est important de faire remonter l'information, le coaching sera le moment privilégié où, tant par une réelle disponibilité que par un souci de comprendre l'autre, il pourra développer une écoute authentique et efficace.

Dans ce cas, le coaching est l'occasion d'aborder la composante humaine du management à la fois sur un plan pratique et sur un plan intellectuel.

3 La rigidité de Françoise

Françoise est directeur financier d'une PME du secteur agro-alimentaire dans l'Ouest de la France. Son DG, Jean, la trouve trop rigide et lui a demandé de réfléchir avec Bernard un des responsables RH de la société. Jean est catégorique, elle est vraiment trop rigide : « *avec moi elle n'en fait qu'à sa tête et avec ses collaborateurs elle est arrogante et despotique* ».

Bernard et Françoise ont convenu de se rencontrer tous les quinze jours le mardi de 14 heures à 15 heures. Dans les trois premières séances de coaching, Bernard a essayé de dépasser le constat de crise pour lequel il n'y avait aucune solution immédiate. Plutôt que de raisonner en terme de solutions, il a pris le recul nécessaire. Partant du constat de leur DG, il a exploré avec Françoise ce qui pouvait donner l'impression qu'elle est rigide. Au travers des différentes relations que Françoise entretient dans l'entreprise, ils ont réfléchi sur ses comportements de communication.

Avec le DG, elle n'exprime jamais aucun désaccord. Elle est dans l'écoute passive. En revanche, dans les réunions avec ses collaborateurs, elle monopolise la parole. Elle argumente longuement pour convaincre. Mais en fin de compte, elle éprouve beaucoup de mal à obtenir l'adhésion de ses collaborateurs. Fréquemment, elle se retrouve obligée d'imposer son point de vue. Dans ces cas-là, elle monte facilement le ton dans les échanges et devient désagréable. Donc, *a priori*, Françoise présente des comportements bien différenciés en fonction de ses interlocuteurs. Dans la relation de coaching avec Bernard, elle collabore volontiers. Elle n'est donc pas aussi rigide que cela. Elle comprend bien qu'elle a des comportements stéréotypés, mais ils diffèrent selon qu'elle est face à son DG ou face à ses collaborateurs.

Définition des objectifs

C'est dans chaque type de situation qu'elle doit apporter plus de souplesse dans ses relations. Il faut qu'elle utilise avec chacun de ses interlocuteurs tous les registres de communication qu'elle possède. Deux objectifs sont retenus pour Françoise :

- se mettre plus à l'écoute avec ses collaborateurs tout en augmentant la qualité de son écoute. L'évaluation pourra s'établir sur la répartition du temps de parole.

– exprimer plus souvent ses convictions auprès de son DG et apprendre à les discuter.

Mise en place du changement comportemental

Plusieurs étapes seront nécessaires pour obtenir un changement comportemental solide. La première étape consiste à mettre à jour les émotions et les représentations situées en amont des comportements cibles définis par Françoise et Bernard. Pour approfondir leurs hypothèses, Françoise devait commencer par un travail d'auto-observation. Elle devait identifier ses ressentis dans les situations interactives avec Jean ou ses collaborateurs. Elle allait noter ses émotions au début de chacun des entretiens qu'elle aurait en face-à-face avec le DG mais aussi avec ses collaborateurs directs. Dans leur quatrième séance de coaching, ils font le point sur cette tâche. Dans un premier temps Bernard se centre sur le recueil des émotions de Françoise. Dans un deuxième temps il cherchera à repérer les représentations en amont des émotions.

Identification des émotions

– *Quand tu t'es retrouvée face à Jean, ce matin à 9 H, qu'est-ce que tu as ressenti ?*

– *Face à Jean, ce que je ressentais, c'est qu'il allait me passer un savon si je lui coupais la parole.*

– *Jean allait peut-être te passer un savon, mais qu'est-ce que tu ressentais au début de l'entretien ?*

– *Je me disais que Jean était en colère contre moi.*

– *Ce que tu me décris c'est ce que ressentait Jean, mais toi qu'est-ce que tu ressentait face à Jean.*

– *Je pensais que le mieux, c'était de ne rien dire et d'attendre qu'il me donne la parole.*

Ici, Bernard se confronte à une difficulté classique du coaching : faire exprimer des ressentis. Françoise commente l'émotion de Jean, anticipe un comportement désagréable, prévoit le meilleur comportement à adopter mais n'exprime pas ses ressentis. Le langage habituel de l'entreprise n'est pas celui des émotions. Le coaching nécessite l'emploi de techniques spécifiques qui favorisent l'expression des émotions.

Bernard est en difficulté, pourtant il cadre très bien son début d'entretien. A trois reprises, il oriente Françoise vers ses ressentis sans aucun succès. Bernard dispose de plusieurs techniques pour aider Françoise à verbaliser ses émotions.

La décentration consiste à faire envisager l'émotion qui serait ressentie par quelqu'un d'autre face à la colère de Jean :

– *Si ton assistante se trouvait face à Jean quand il est en colère, qu'est-ce qu'elle pourrait ressentir comme émotions ?*

Bernard peut poursuivre le cadrage de façon plus précise avec le risque d'adopter un style de communication trop rigide et de faire monter la pression chez Françoise :

– *Quand tu te trouves devant Jean en colère, qu'est-ce que tu ressens ?*

Bernard en utilisant l'empathie peut essayer de proposer une hypothèse sur ce que Françoise peut ressentir face à Jean :

– *Françoise j'ai l'impression que lorsque tu te retrouves face à Jean, tu es toi-même agacée.*[1]
– *Non, ce n'est pas ça. Je ne suis pas agacée. Je suis tendue, je ne suis jamais à l'aise.*
– *Tu veux dire que tu es sur tes gardes ?*
– *Oui, c'est ça je suis sur le qui vive. J'ai peur qu'il se mette en colère, mais je pense qu'il y a autre chose ... ce n'est pas normal qu'il se fâche toujours après moi. Ce n'est pas juste.*

1. Bernard formule des hypothèses sur les émotions de Françoise. Il se trompe, mais il permet à Françoise de formuler directement ses ressentis. Le coach doit accepter de prendre le risque de se tromper lorsqu'il formule des hypothèses. Il doit expliquer que ce ne sont que des hypothèses qui doivent aider à faire avancer la réflexion. C'est une technique efficace pour mettre à jour les émotions.

– *Donc ce que tu ressens, c'est un sentiment d'injustice et de la crainte.* [2]

– *Oui c'est ça ... je sens que ça ne servira à rien que j'intervienne. Ça me décourage.* [2]

2. Ensuite, il utilise la technique habituelle d'entretien alternant le questionnement et la reformulation. L'alternance de ces deux techniques avec le cadrage évite au coach de se fixer dans un positionnement relationnel trop rigide tout en poursuivant efficacement son objectif de départ.

Mise en évidence des émotions	
Techniques	**Contenu**
Auto-observation écrite des situations cibles	• Contexte de la situation. • Propos échangés et comportement. • Pensées associées à la situation. • Emotions ressenties.
Décentration	• Imaginer l'émotion d'un tiers placé dans la même situation que le coaché.
Empathie puis formulation d'un ressenti	• Se mettre à la place de l'autre pour imaginer ce qu'il ressent. • Formuler le ressenti imaginé grâce à l'empathie comme une hypothèse. • Discussion de l'hypothèse.
Cadrage	• Persistance dans le questionnement. • Questions précises et spécifiques. • Questions ouvertes sans suggestion.

Ce qui nourrit l'émotion, c'est l'évaluation immédiate de la situation. Dans le cas de Françoise, il faut rechercher ce qui déclenche la crainte, le sentiment d'injustice et le découragement. Bernard pourrait commencer par examiner la situation à froid sans accepter forcément les conclusions de Françoise :

– *Qu'est-ce qui te fais penser que Jean est en colère ?*

– Il parle vite et fort. Oui, c'est ça, il parle fort. Il martèle ses mots...

– Tu penses vraiment que ça veut dire qu'il est en colère ? Qu'est-ce qu'il te disait ?

– ...c'est très simple, il me disait que nos opérations de cession d'actifs seraient déterminantes pour le résultat de cette année ....qu'il faudrait les négocier au mieux ... qu'il comptait absolument sur moi et sur mon équipe.

– Donc ce que tu me dis : c'est que tu pensais qu'il était en colère parce qu'il parlait vite et fort. En fait ce qu'il te disait c'est qu'il comptait sur toi pour atteindre les objectifs. Ce n'est pas la même chose. Qu'est-ce que tu en penses ?

– C'est vrai, ça peut paraître bizarre, ses paroles étaient plutôt sympa, il n'était pas forcément en colère, mais j'étais inquiète.

Bernard dans cet échange aide Françoise à dissocier le langage digital (*) (contenu du langage) du langage analogique (*) (gestuelle et voix). Puis il lui fait explorer l'écart de signification entre ces deux niveaux d'expression. Ce travail est indispensable pour ne pas se faire piéger par les impressions induites par le langage analogique. L'étape suivante est le repérage des représentations de Françoise.

(*) Langage digital

Le langage digital est la partie de notre langage qui est codée. Ce sont les mots, la syntaxe, les formulations qui peuvent être fidèlement notés par un observateur. Ce langage digital pourra être restitué intégralement par écrit à un tiers absent au moment où nous avons pris la parole. Ce code laisse beaucoup moins de place à l'interprétation que le langage analogique.

(*) Langage analogique

Le langage analogique est constitué de tous les gestes qui accompagnent notre discours, de toutes les mimiques qui animent notre visage et de toutes les caractéristiques de notre voix (intonation et rythme). Le langage analogique ne peut pas être restitué à un tiers. Il laisse beaucoup de place à l'interprétation chez notre interlocuteur. Le langage analogique est directement le langage des émotions. C'est tout le travail de l'acteur qui à partir d'un texte écrit va par son interprétation donner toute sa dimension émotionnelle au personnage qu'il incarne. Le langage analogique c'est le langage qui alimente tout le domaine de nos ressentis. Ce que nous appelons nos impressions et auxquelles nous avons parfois la faiblesse de nous fier facilement et avec trop de certitudes pour établir nos relations avec autrui.

Identification des représentations

Françoise face à Jean ressent de la crainte, de l'injustice et de la démotivation. Face à ses collaborateurs, Françoise a noté des émotions en partie différentes : irritation, impatience, et inquiétude. Pour terminer cette quatrième séance de coaching, Bernard décide de travailler sur la peur de Françoise face à Jean.

– *Françoise tu m'as dit que tu as peur de couper la parole à Jean ...*

– *Oui, je te l'ai déjà dit. Si je lui coupe la parole, il va se mettre en colère.*

– *Admettons qu'il se mette en colère, que peux-tu craindre ensuite ?*

– *S'il se met en colère, je vais perdre mes moyens.*

– *Et alors ...*

– *Alors, il va penser que je ne suis pas capable de me dominer.*

– *Et alors ...*

– *Je pense que s'il voit que je suis stressée, il ne me fera plus confiance et il cherchera un autre directeur financier.*

– *Donc, tu penses que s'il se met en colère contre toi, il y a un risque important pour ton poste !*

– *Oui, je sais que tu vas trouver ça idiot, mais quand il est là, en face de moi, j'ai vraiment peur qu'il se mette en colère.*

– *Et, tu crois vraiment que s'il repère ta crainte, il va penser que c'est une faiblesse ?*

– *Oui, montrer son stress c'est un signe de faiblesse.*

– *Si tu montres que tu es stressée, on va penser que tu es quelqu'un de faible ?*

– *Oui, c'est ça ! C'est bête, mais c'est vraiment ce que je pense.*

– *Pourtant, Jean te reproche d'être rigide.*

Bernard a mis en évidence les représentations de Françoise quand elle est en présence de Jean. Puis ensuite, il l'a aidé à trouver le postulat de base : *« il ne faut jamais montrer ses émotions, c'est un signe de faiblesse »*. Dans la suite des séances de coaching, il travaillera avec Françoise pour réévaluer ce postulat. Pour terminer cette séance, il reste à fixer un objectif comportemental simple. Avant que Françoise discute de ses désaccords avec Jean ou qu'elle lui coupe la parole, il faut trouver des étapes intermédiaires sur le plan comportemental. Jusqu'à sa prochaine séance Françoise devra continuer ses auto-observations. Bernard lui demande en plus d'observer le langage analogique de ses interlocuteurs pour apprendre à se dégager de ses impressions.

Le coaching nécessite de la patience. S'il est facile pour Françoise de comprendre qu'il est absurde d'avoir peur de couper la parole à son DG, elle ne va pas réussir du jour au lendemain à discuter avec lui de ses désaccords. Avant tout essai de changement comportemental, même si le bon comportement semble évident, il faut toujours commencer par travailler sur les ressentis et sur les représentations.

4
Didier manque de leadership

Didier est ingénieur dans une société de télécom. Depuis trois ans, il a réussi ses missions techniques dans l'avant-vente en équipe avec un commercial. Ses succès lui ont valu un poste de manager. Il a pris la responsabilité d'une équipe de huit personnes et il a recruté quatre collaborateurs en externe. Comme tous les jeunes managers de l'entreprise, il est accompagné dans sa prise de fonction managériale par un coach maison. Celui-ci s'appelle François, c'est un manager confirmé dans l'entreprise, possédant de nombreuses années d'expérience dans le secteur des télécoms. Il y a deux ans, François a bénéficié d'un coaching à l'extérieur de l'entreprise comme d'autres managers. L'objectif était de faire progresser les managers dans leurs comportements, notamment de leur donner les éléments pour faire eux-mêmes du coaching au sein de l'entreprise. Actuellement, dans la continuité de ce travail, François suit une supervision avec un consultant extérieur pour l'aider à cadrer son activité de coaching en interne. Il rencontre Didier une fois par semaine, le vendredi à 17 h, pour faire le point sur la semaine écoulée.

Le premier objectif du coaching de Didier consistait à observer la façon dont se définissaient les relations de Didier avec son équipe et avec ses collègues managers.

Selon François, Didier manque de leadership sur son équipe, mais surtout en dehors de l'équipe. A ce moment du coaching Didier partage le constat de François. Ce constat est d'autant plus important que leur entreprise est organisée en réseau. Dans ce type d'organisation il y a beaucoup de négociations. L'efficacité d'un manager est liée à son pouvoir d'influence dans l'entreprise. C'est un vaste puzzle dans lequel chaque pièce doit être négociée avec d'autres managers sans qu'il n'existe de lien hiérarchique pour imposer ses besoins. Il faut continuellement négocier pour se gagner les bonnes compétences, se partager les outils, obtenir le temps de l'autre, définir la priorité, raccourcir un délai, avec en prime la pression du client toujours plus impatient et une gestion d'actionnaire qui sur-valorise le court terme. Toutes ces négociations doivent se faire avec une bonne maîtrise de la communication et une bonne gestion de la pression dans les échanges. Le premier qui s'énerve a perdu. Dans ce contexte, il faut se faire respecter sans agresser, mettre de la pression sans commander, refuser sans froisser. Didier est très motivé pour améliorer sa communication, il a bien compris les enjeux et mesure chaque jour l'importance de son influence personnelle pour l'efficacité de son travail. Didier est d'accord pour dire avec François qu'il est trop en retrait. Il manque de leadership.

La méthode mise en place pour débuter le coaching consistait en des auto-observations des comportements de Didier dans les réunions ou dans ses face-à-face. Il s'agit là d'un véritable reporting de ses interactions quotidiennes. Les auto-observations étaient formalisées dans des tableaux à quatre colonnes. Cette forme de relevé est efficace pour établir des liens entre une situation, les ressentis dans cette même situation, les comportements adoptés et les représentations. C'est le préalable de tout travail de coaching. Il permet de réunir les éléments indispensables à la restructuration cognitive et au changement comportemental.

Formalisation des auto-observations			
Situation	**Comportements**	**Représentation**	**Émotion**
Réunion avec mon équipe pour faire le point sur les différents projets en cours. Michel un de mes collaborateurs me coupe la parole.	Je me laisse interrompre et j'écoute Michel.	?	Neutre, pas d'émotion particulière.
	Ensuite j'essaie de reprendre la parole à plusieurs reprises quand Michel fait une pause. Mais à chaque fois il reprend la suite de ses propos avant que j'intervienne.	?	Frustration.
	Après deux tentatives pour reprendre la parole je deviens agressif.	?	Sentiment d'injustice agacement.

A partir de cette auto-observation de Didier, voilà comment François va conduire une séance de coaching. A l'aide des techniques de conduite d'entretien habituelles (questionnement, reformulation et cadrage), il va faire préciser puis évaluer les représentations de Didier en partant de situations réelles.

– *Didier, tu as noté à plusieurs reprises que tu te faisais couper la parole, qu'est-ce que tu en penses ?*[1]

– *Sur le coup cela ne me fait rien. Mais avec du recul je constate que j'ai du mal à aller au bout de mes explications. J'ai l'impression(*) que la conduite de la réunion m'échappe. C'est un vrai problème, c'est comme si je n'arrivais pas à me faire entendre de mes interlocuteurs.*

– *A ton avis de quoi cela peut-il venir ? Dans ton tableau d'auto-observation, tu as mis un point d'interrogation dans la colonne représentation, quelle peut-être ta représentation par rapport à cette situation ?*

– *Je crois (*) que dans les réunions il faut être à l'écoute de ses collaborateurs sinon l'information ne remonte plus correctement.*

– *Ce que tu as constaté c'est qu'on te coupe souvent la parole. Tu me dis que c'est un problème pour conduire tes réunions et ta représentation, c'est qu'il faut être attentif à rester à l'écoute de son équipe.*[2]

– *Oui, c'est exactement cela. En t'écoutant, je me rends compte qu'il y a une apparente contradiction, mais l'écoute doit être une priorité pour le manager s'il ne veut pas risquer de démotiver son équipe.*

1. François emploie d'abord le questionnement pour faire explorer à Didier ce qu'il pense dans cette situation.

2. Reformulation en miroir. Didier peut alors réfléchir directement sur sa façon de penser. C'est le moment où il peut élaborer une pensée réflective (penser sur ce qu'il pense).

* Voir page 89.

– Quelle est la contradiction apparente selon toi ? [1]

– Je défends l'idée qu'il faut être à l'écoute de ses collaborateurs et je pense que pour être efficace dans ma conduite de réunion il ne faudrait pas qu'ils me coupent la parole et donc qu'il ne faudrait pas que je sois autant dans l'écoute.

– Oui, il me semble bien que tu as raison, mais comment un manager pourrait-il se passer de l'efficacité ou de l'écoute ? Etre convaincant et être à l'écoute sont deux qualités indispensables. Comment le manager peut-il les concilier ?

– Je me trompe peut-être (*) mais il me semble qu'il s'agit simplement d'une question de tempo.

– C'est-à-dire ?

– Je crois (*) qu'il n'y a pas de priorité entre convaincre et écouter. Il y a un temps pour convaincre et un temps pour écouter. [2]

– Très bien ! Il y a un temps pour convaincre et un temps pour écouter. Quand ce sera le temps de convaincre, qu'est-ce que tu vas changer dans ta communication ? Dans ton auto-observation tu as noté qu'il est parfois difficile pour toi de reprendre la parole. Quelle est la cause selon toi ?

– Probablement que je ne suis pas assez rapide.

– C'est possible. Quelle autre explication pourrait-on donner ?

– Je ne vois pas.

1. François va jusqu'au bout du questionnement pour aider Didier à formuler précisément les deux représentations qui se contredisent dans la pratique. La réflexion sur cette contradiction apparente va amener une discussion sur le rôle du manager.

2. Ici Didier aboutit à une modification de représentation.

(*) L'analyse lexicale du discours de Didier fait apparaître bon nombre d'expressions qui indiquent un doute sur ses propos ou ses pensées (*j'ai l'impression..., je crois..., je pense..., je me trompe peut-être...*, plutôt que *je suis certain..., je suis persuadé..., il est évident que..., je suis sûr...*). Il n'affirme jamais catégoriquement ce qu'il pense. Il laisse, ou plutôt il induit, une possibilité de remise en cause de ses propos. Ces expressions sont un bon indice sur ses représentations concernant la certitude ou l'honnêteté intellectuelle. Ces représentations ont une forte incidence sur son discours quand il veut convaincre. Il serait important que François fasse ce feed back à Didier, c'est un élément important des comportements de leadership.

– *Comment ton collaborateur Michel fait-il pour prendre la parole ?*[1]

– *Lui, ce n'est pas compliqué, il te coupe la parole pour un oui ou pour un non !*

– *J'ai l'impression que cela t'agace.*[2]

– *Oui, je pense qu'il ne faut jamais couper la parole à son interlocuteur. C'est une question d'éducation et de respect de l'autre.*

– *Si tu coupes la parole à un de tes collaborateurs que pourrait-il se passer ?*[3]

– *Je vais donner une mauvaise image de moi. Il va penser que je ne le respecte pas.*

– *Et alors...*

– *Et alors il risque de se démotiver.*

– *Donc ce que tu penses, c'est que si tu coupes la parole à un de tes collaborateurs, tu vas le démotiver.*[4]

– *Oui, bien sûr.*

– *Quel est l'avantage à ne jamais couper la parole de l'autre ?*[5]

1. Utilisation du procédé de décentration.

2. Utilisation de l'empathie pour faire une hypothèse sur l'émotion de Didier.

3. Technique dites de « la flèche descendante ». Le questionnement en poussant à fond l'examen des conséquences fait appaître la représentation sous-jacente.

4. Reformulation.

5. Évaluation de la représentation par la comparaison avantages/inconvénients.

– C'est très simple, cela permet de donner une bonne image de soi et de bien comprendre ce que l'autre veut nous dire.

– Est-ce que tu vois d'autres avantages ? [1]

– Non, mais l'image du manager et le respect de l'autre, c'est fondamental pour mener le travail en équipe.

– Quels sont les inconvénients de ne jamais couper la parole aux autres dans une réunion ?

– Je n'en vois pas. Chacun peut s'exprimer, il me semble que c'est un des buts d'une réunion. Pas toi ?

– Oui, mais quand notre DG coupe la parole aux uns et aux autres pour cadrer nos réunions et faire passer ses directives, qu'est-ce que tu en penses ?

– C'est une situation différente.

– En quoi c'est différent de tes réunions ?

– Le DG est le patron, c'est lui qui a l'autorité. Il faut bien qu'il interrompe les uns et les autres pour faire passer ses messages et cadrer sa réunion. Moi, je n'occupe pas le même poste.

– En quoi ton rôle est-il vraiment différent quand tu animes une réunion avec ton équipe ?

– Moi, je crois que mon rôle est de faire remonter l'information. Je dois être à l'écoute.

– Tout à l'heure, tu ajoutais que tu devais également rechercher l'efficacité. Tu me disais qu'il y a un temps pour écouter et un temps pour convaincre.

1. François persiste bien dans son questionnement, il ne se contente pas de la première réponse de Didier.

– *Pour convaincre il me semble qu'il faut maîtriser le temps de parole ou tout au moins la prise de parole. Qui doit faire passer les messages ? Qui doit cadrer la réunion ? Qui est le manager ?*

– *C'est évident, c'est moi, mais j'ai du mal à admettre que couper la parole procure des avantages. Il doit bien y avoir d'autres moyens pour prendre la parole.*

– *En tout cas, tu as déjà vu que c'est efficace. Aujourd'hui, en partant d'une de tes auto-observations nous avons pu réfléchir sur une situation[1] qui te pose souvent un problème et mettre en évidence deux représentations :*

- *il faut toujours être à l'écoute de son équipe sinon elle risque de se démotiver,*
- *il ne faut jamais couper la parole aux autres.*

Tu as constaté que le respect de ces deux représentations a pour conséquences de la frustration, de l'agacement et un manque d'efficacité à certains moments. Pour la prochaine séance, si tu es d'accord, je te demande de me trouver des reformulations de ces deux représentations qui tiennent compte de l'efficacité en réunion et de la nécessité d'être convaincant (*). Sur le plan comportemental tu vas observer dans ton entourage professionnel comment les autres s'y prennent pour prendre la parole. Est-ce que tu es d'accord pour essayer de couper la parole à un membre de ton équipe une fois par jour ?

1. En fin de séance François doit résumer le cheminement de l'entretien et décrire les techniques utilisées (points 1, 2, 3 ci-dessus) pour mener le coaching. Ce temps est décisif pour l'appropriation du coaching par Didier.

– *Oui. Cela me semble facile comme objectif. D'ailleurs en y réfléchissant je crois que je le fais très facilement en famille.*

Modification des représentations	
Représentations initiales	**Représentations modifiées**
Il faut toujours être à l'écoute de son équipe sinon elle risque de se démotiver.	Il y a des moments où il faut être à l'écoute de son équipe et d'autres où il faut reprendre le leadership pour être convaincant.
Il ne faut jamais couper la parole aux autres.	Pour prendre la parole, garder le leadership, il faut parfois couper la parole aux autres.

Un mois plus tard au cours d'une autre séance de coaching, François demande à Didier de faire la synthèse de ses comportements dans le domaine de la communication :

– *Dans les discussions informelles ou dans les réunions, je prends plus facilement la parole. Maintenant je coupe régulièrement mes collaborateurs et cela ne me pose plus aucun problème. Mais quand même...depuis que je m'intéresse à ma communication, je me suis rendu compte que lorsque je veux convaincre, je me fais trop souvent couper la parole et qu'ensuite je dépense beaucoup d'énergie pour terminer mes explications. Il y a vraiment un problème, je n'arrive pas à garder la parole et parfois cela me rend agressif.*

– *Est-ce qu'il y a d'autres situations sur lesquelles tu veux qu'on réfléchisse ?*[1]

– *Non. Je remarque qu'on me coupe souvent la parole, je me demande s'il n'y a pas quelque chose qui vient de moi.*

– *Si je comprends bien ce que tu me dis c'est que lorsque tu veux faire passer un message tu as des difficultés à aller au bout de tes explications. Souvent quelqu'un te coupes et cela te rends agressif.*[2]

– *Oui, c'est exactement cela. C'est très énervant.*

– *Qu'est-ce que tu ressens quand tu prends la parole devant ton équipe pour faire passer des directives ?*[3]

– *Je suis toujours un peu tendu, j'ai souvent la crainte de ne pas être compris.*

– *Quelle est ta stratégie pour faire passer tes messages ?*

– *Je n'ai pas de stratégie particulière. Je cherche simplement à bien expliquer mes objectifs et à démontrer que c'est la bonne solution. Je crois qu'il est important que tous comprennent bien les raisons de mes choix.*

– *Donc si je comprends bien tu cherches à démontrer, à expliquer et souvent tu te fais interrompre dans tes propos.*

– *Oui, cela se passe souvent comme ça.*

– *Apparement, c'est comme si les explications et les démonstrations favorisaient les interruptions.*

1. Au début de l'entretien, François établit un agenda de la séance. C'est un point à ne pas oublier s'il veut bien cadrer sa séance. Cela peut lui éviter de se retrouver en fin de séance avec un problème important à régler alors qu'il ne reste que très peu de temps pour conclure.

2. Exploration de la situation qui pose un problème.

3. Expression des ressentis pour repérer quelle est la représentation sous-jacente.

– *Donc, c'est bien ce que je disais, cela vient de moi.*

– *Quand tu dis que cela vient de toi, tu penses que cela a un rapport avec la forme de ton discours ? De quelle autre façon pourrais-tu procéder pour faire passer tes messages ?*

– *Tu veux dire qu'on peut faire autrement qu'expliquer et démontrer pour convaincre ?*

– *Parmi tes amis proches, est-ce que tu en connais un qui s'y prendrait autrement et qui est réputé pour posséder une bonne éloquence ?*

– *Oui, mon beau-frère. Lui, ce n'est pas compliqué, il affirme toujours catégoriquement ce qu'il pense. Il ne perd pas de temps à justifier ou à démontrer ce qu'il pense. Il demande directement ce qu'il veut. En général les gens sont convaincus. En tout cas ce n'est pas facile de l'interrompre.*

– *Qu'est-ce que tu en penses ?*

– *C'est une méthode efficace, mais la réalité est souvent complexe. Si on affirme trop catégoriquement sans donner d'explication, le discours n'est pas crédible.*[1]

– *Ce que tu me dis c'est que si quelqu'un est catégorique, il n'est pas crédible. Pourtant ton beau-frère il est convaincant.*[2] ⚠

– *Oui, c'est vrai, mais je crois que c'est surtout une question d'honnêteté intellectuelle. Je ne pourrais pas affirmer les choses catégoriquement, cela me mettrait mal à l'aise. J'aurais peur de paraître trop péremptoire.*

1. Expression de la représentation.

2. ⚠ Ici François entre dans l'argumentation, il devrait se contenter de sa reformulation (***tu me dis que si quelqu'un est catégorique, il n'est pas crédible)*** **et ne pas tenter de convaincre Didier par un argument sur l'efficacité de son beau-frère.**

- *Donc tu penses que si tu affirmes trop tu risques de ne pas être crédible. Mais inversement si tu n'affirmes pas clairement tes positions, quel est le risque en terme de management ?* [1]
- *Effectivement, d'un côté il y a le risque d'une perte de crédibilité et de l'autre le risque d'une perte de légitimité. Il faudrait trouver un fonctionnement intermédiaire.*
- *Ton idée, c'est qu'il faut concilier ces deux modes de rhétorique ?*
- *Oui, pour être convaincant et rester crédible, il faut dans un premier temps affirmer nettement sa position puis en démontrer la pertinence dans un deuxième temps.* [2]
- *Comment pourrais-tu définir ce fonctionnement intermédiaire ?* [3]
- *Pour ne pas être interrompu, il faut peut-être que j'adopte des messages plus courts quitte ensuite à amener des éléments complémentaires si cela suscite des interrogations.*
- *Ce que tu proposes, c'est d'intervenir en deux temps ?*
- *Oui, d'abord employer la forme qui me permet d'aller au bout de mes consignes sans être interrompu puis ensuite intervenir sur le fond pour rester crédible si c'est nécessaire.*

1. Évaluation de la représentation.

2. Formulation d'une représentation plus adaptée à la réalité.

3. Recherche d'un objectif de changement comportemental.

Dans les séances ultérieures François a repris toutes les représentations initiales de Didier puis dégagé une synthèse des représentations modifiées qui ont été progressivement formulées au cours des différentes séances de coaching.

Synthèse de la restructuration cognitive	
Représentations initiales	**Représentations modifiées**
« Si je suis trop affirmatif, je ne vais pas être crédible. Je vais paraître trop péremptoire. »	*« Pour être convaincant, il faut d'abord affirmer, ensuite pour être crédible j'ai le temps de démontrer. »*
« Il faut être sûr de ce qu'on dit, un mauvais mot peut être dévastateur. »	*« Il faut savoir s'autoriser à exprimer des hypothèses, pour être créatif je dois me donner le droit à l'erreur. »*
« Si je coupe la parole aux autres, on va dire que je suis agressif. »	*« Pour garder le leadership, il est utile de couper la parole. A d'autres moments il faut privilégier l'écoute. »*
« Il ne faut pas être arrogant, il ne faut pas paraître présomptueux. »	*« Pour faire passer ses messages, il est plus efficace d'être affirmatif. Cela fait partie du rôle d' un manager. »*

L'évaluation des représentations aboutit fréquemment à la définition de représentations plus souples, c'est-à-dire intermédiaires entre deux principes opposés. Ces représentations intermédiaires permettent une plus grande souplesse sur le plan comportemental et en fin de compte des capacités d'adaptation plus élevées. Dans les séances suivantes, François poursuivra le travail de changement comportemental en définissant ensemble les comportements à adopter pour augmenter le leadership de Didier. Là aussi les objectifs de changement seront progressifs et accessibles. Le changement ne concernera qu'un comportement à la fois. Ce comportement sera un comportement suffisamment élémentaire et facilement évaluable au quotidien pour permettre une réussite rapide. Tout objectif trop ambitieux conduit à un constat d'échec et risque de faire apparaître une résistance au changement.

Le coaching apprend la prise de distance dans un monde professionnel où la recherche de résultats à court terme induit une forte réactivité. François dans ses entretiens de coaching utilise bien toutes les techniques et respecte les différents temps de l'entretien. Mais globalement, il va trop vite dans l'exploration et l'évaluation des représentations. Même si Didier semble d'accord avec lui, il faut qu'il aille au bout des représentations pour faire apparaître les postulats. Dans le cas de Didier, il pourrait faire apparaître un postulat perfectionniste et un postulat sur la nécessité d'être apprécié de tous, par exemple :

- *Je ne pourrais pas affirmer les choses catégoriquement, cela me mettrait mal à l'aise. J'aurais peur de paraître trop péremptoire.*
- *Et alors, quel problème cela pourrait te poser si tu apparais trop péremptoire ?*
- *Je donnerais une mauvaise image de moi.*
- *Et, alors...*
- *Si je donne une mauvaise image de moi, je perdrais ma légitimité.*
- *C'est-à-dire ?*
- *On considérera que je suis un mauvais manager.*
- *Donc, si tu donnes une mauvaise image de toi en étant catégorique, tu perdras ta légitimité. J' ai l'impression que tu me dis qu'il faut toujours être parfait sinon on perd sa légitimité.*

Il est très important que François fasse apparaître ce postulat perfectionniste. En effet, chaque fois que François sera dans une situation qu'il ne maîtrise pas complètement, ce postulat va activer une émotion pénible. Comme dans une réaction en chaîne cette émotion va induire un comportement stéréotypé. Didier aura par exemple, tendance à démontrer longuement pour convaincre. Il serait beaucoup plus efficace d'affirmer plus catégoriquement son point de vue. De même il se mettra facilement en position d'écoute quand il a besoin de garder la parole pour faire passer un message.

Si l'on brule les étapes, en se contentant des prises de conscience, il est fort probable que le changement de comportement ne soit pas effectif. Le coach se retouvera alors à travailler répétitivement sur toutes les représentations qui se déclinent à partir du postulat de base avec le sentiment désagréable qu'il tourne en rond.

5
Jérôme ne fait pas de relations publiques

Jérôme se trouve face à Pierre, responsable des ressources humaines dans une société de transports internationaux. Jérôme est le responsable du service juridique. Il anime une équipe de cinq juristes pour assurer la rédaction de tous les contrats passés par l'entreprise avec les clients. Il s'assure du respect des règlements internationaux et des relations avec les différentes administrations étrangères. Il participe aux comités de direction de l'entreprise en tant que conseiller du président. Aujourd'hui, il rencontre Pierre pour la restitution de son évaluation à 360°. Il s'agit d'une évaluation de ses compétences techniques et de ses comportements managériaux par l'ensemble de ses collaborateurs, par trois membres du comité de direction et par le président. Si l'ensemble des compétences techniques est bon, Pierre constate avec Jérôme un ensemble de perceptions assez négatif sur le plan de l'image. Jérôme a l'image d'un expert peu disponible et froid. Il communique de façon directe et sèche selon les différents interlocuteurs interrogés dans le 360°, ce qui donne parfois une impression d'agressivité. Il ne prend jamais le temps d'écouter et de comprendre la situation dans laquelle se trouve les autres. Dès qu'on lui expose une difficulté, il interrompt son interlocuteur et débute la résolution de problème comme si l'autre n'existait plus. En un mot, il manque vraiment d'empathie. Autre reproche, il n'apporte pas de liant entre ses différents collaborateurs et ne s'intéresse jamais à leurs différents. Le point qui paraît le plus préoccupant est le manque d'enthousiasme noté par l'ensemble des évaluateurs. Il a une réputation coriace de pessimiste.

Ils réfléchissent pour comprendre sur quoi peuvent reposer ces perceptions négatives. Leurs premières hypothèses s'orientent vers les comportements de communication. Ils sont d'accord pour dire que Jérôme doit améliorer son image. Pierre propose à Jérôme un coaching sur les aspects relationnels de son poste. Ils conviennent de se rencontrer une fois par semaine pour environ une dizaine de séances.

Jérôme a remarqué qu'avec lui les gens ne s'expriment pas spontanément. Son évaluation à 360° montre que Jérôme est un bon professionnel. Il maîtrise parfaitement ses dossiers mais il pense qu'il n'a pas un bon contact relationnel. Il attache peut d'importance aux aspects relationnels dans le travail.

– *Jérôme, tu me dis que tu n'as pas un bon contact relationnel. D'après toi, c'est quoi un bon contact relationnel ?*

– *Je ne suis pas très souriant, pas très bavard. Je suis très formel dans les discussions. Je reste centré sur les problèmes professionnels. Je ne suis pas habitué à faire des ronds de jambes.*

– *Pour toi, la priorité réside donc uniquement dans les aspects professionnels.*

– *Oui, tout à fait !*

– *Si tu engageais une conversation sur tout autre chose qu'un sujet professionnel, quel serait le problème ?*

– *Cela ne poserait pas de problème, je suis tout à fait capable de le faire.*

– *Qu'est-ce qui t'empêche de le faire ?*

– *Rien, mais pour moi c'est évident, ce serait vraiment une perte de temps. Comment je pourrais exiger des autres le même sérieux ? Tu n'es pas d'accord avec cela ?*

– *Pour toi c'est une question d'efficacité et de rentabilité de ton travail personnel.*[1]

– *Oui, pendant que je discuterais de la pluie et du beau temps, les dossiers n'avanceraient pas beaucoup. Mais ce n'est pas seulement une question d'efficacité personnelle, c'est aussi une question d'exemplarité vis-à-vis de mes collaborateurs. Qu'est-ce que tu en penses ?*

1. Pierre essaye de ne pas apporter de réponses directes aux questions de Jérôme. Il évite ainsi de tomber dans l'argumentation. En effet, son rôle est de questionner Jérôme pour l'aider à formuler ses représentations.

– *Tu me dis que tu es capable d'aborder des sujets extra-professionnels avec tes collaborateurs, mais que c'est du temps perdu. Quand nous avons analysé ensemble ton évaluation à 360°, tu étais d'accord pour dire qu'une bonne image en interne est un gage important d'efficacité.*[1]

– *Oui, mais en matière d'efficacité la priorité c'est de ne jamais perdre de temps. Il faut sans arrêt anticiper pour garder une longueur d'avance et ne jamais subir les événements.*

– *Ton crédo c'est l'anticipation ?*[2]

– *C'est fondamental ! Comment veux-tu être efficace si tu subis les événements ?*

– *Donc, si je comprends bien, tu ne te focalises que sur les éventuels pépins.*

– *Bien sûr, les problèmes déjà résolus cela ne comporte plus aucun intérêt. Il ne faut pas perdre de temps avec les trains qui arrivent à l'heure.*[3]

1. Recadrage qui là aussi évite à Pierre de partir dans une contre-argumentation qui l'éloignerait des procédures du coaching. Même s'il pense avoir les bons arguments le coach doit résister au plaisir de montrer qu'il sait.

2. Ici Pierre sort du sujet initial. Il reformule et sa reformulation oriente l'échange dans une autre discussion. Pour cadrer l'échange, il doit **persister** sur le constat précédent : *bien, tu penses que l'anticipation est une attitude prioritaire mais quand nous avons analysé ensemble ton évaluation à 360°, tu étais d'accord pour dire qu'une bonne image en interne est un gage important d'efficacité professionnelle.*

3. Malgré un bon cadrage initial, Pierre a progressivement perdu la direction de l'échange. Jérôme est entré dans une argumentation qui renforce son point de vue initial. Il perd complètement de vue la visée du coaching qui est de l'aider à progresser dans ses comportements relationnels. Vraisemblablement, il vient d'établir un mode de discussion stéréotypée. Il est entré dans un automatisme de communication.

Ce type de situation est très intéressante lorsqu'elle apparaît à condition que le coach la repère bien et face un feed back sur l'échange en cours. En effet, il peut directement observer le comportement de Pierre dans l'échange et lui restituer instantanément. A ce moment il s'agit pour Pierre de métacommuniquer sur un comportement qui pose probablement souvent des soucis aux interlocuteurs de Jérôme, c'est-à-dire décrire comment la communication vient de s'articuler entre eux.

– *Jérôme, je m'excuse de te couper la parole, mais il me semble que notre conversation est intéressante à décrire pour comprendre l'impression désagréable que tu donnes à tes interlocuteurs dans les discussions que tu peux avoir avec eux.*

– *Oui, cela peut-être intéressant, je t'écoute.*

– *Nous avons débuté notre réflexion sur le contact relationnel, tu m'as dis que ta règle c'était de ne pas perdre de temps avec les sujets extra-professionnels. Ensuite, tu as enchaîné sur l'exemplarité du manager et maintenant tu abordais le problème de l'anticipation. Je subis complètement notre échange et surtout j'ai l'impression que tu ne veux plus échanger sur ton problème de contact relationnel. Oui, c'est cela, j'ai l'impression que tu ne veux plus m'écouter.*

– *Tu te trompes, j'ai vraiment envie d'approfondir ce sujet. Je ne sais pas ce qui peut te donner cette impression.*

– *Qu'est-ce que tu ressentais comme impression dans notre échange ?*

– *Je ressentais une impression plutôt agréable : le plaisir de parler de sujets importants et de te faire comprendre comment je me représente mon rôle.*

– *Et qu'est-ce que tu penses que je pouvais ressentir à ce moment-là ?*

- *Là, j'avoue que cela m'intrigue. Tu avais l'air de dire que c'était une impression désagréable pour toi. Pourtant je pensais que cela t'intéressait autant que moi.*
- *Ce que tu m'expliques, c'est que si tu exprimes un point de vue qui te tient à cœur forcément l'autre aura le même intérêt que toi.*
- *Oui, c'est ce que je pensais.*
- *Ce que tu me disais m'intéressait, mais comme j'avais l'impression que tu ne voulais plus discuter de ton problème de contact relationnel cela m'agaçait de plus en plus. C'est comme si tu ne voulais plus m'écouter.*[1]

1. Ici Pierre soulève un problème important dans la communication interpersonnelle. Bien qu'il soit d'accord avec Jérôme, il n'a plus envie de l'écouter, c'est-à-dire que ce qu'il conteste c'est la relation que Jérôme établit avec lui et non ses propos. Quand on veut réfléchir sur le contact relationnel, il est très important de se dégager du contenu de la communication pour observer les positionnements relationnels et ce qu'ils définissent comme type de relation entre deux interlocuteurs. Dans ce cas, le coach doit lui aussi repérer ses ressentis et les communiquer directement pour enrichir la compréhension du jeu relationnel.

A présent Pierre peut reformuler les différentes représentations de Jérôme et lui faire évaluer les répercussions de la relation qu'il construit chaque jour avec ses interlocuteurs.

- *Jérôme si je fais la synthèse des représentations que tu as exprimées dans notre entretien voilà ce que je peux retenir :*
  - *en matière d'efficacité professionnelle, la priorité c'est de ne jamais perdre de temps avec les sujets extra-professionnels,*
  - *cela ne sert à rien de discuter de la pluie et du beau temps uniquement pour établir des relations,*
  - *pour être exemplaire, il faut toujours aborder des sujets utiles professionnellement,*
  - *il faut toujours anticiper les problèmes pour ne pas subir.*

– *A ton avis, quelles peuvent être les conséquences relationnelles de l'ensemble de ces principes ?*

– *Ces principes ne favorisent pas l'aspect relationnel, mais moi je ne viens pas au travail pour faire de la politique et essayer de plaire à tout le monde.*

– *Donc ton principe c'est que tu ne viens pas dans l'entreprise pour faire tes relations publiques.*

– *Oui, tu as bien compris mon point de vue.*

– *Si tu faisais tes relations publiques, qu'est-ce que tu pourrais craindre ?*

– *Ce n'est pas une question de crainte, mais si je dois faire attention de plaire à tout le monde alors je ne vais plus prendre une seule décision à 100 % professionnelle.*

– *Et alors ?*

– *Alors, on baigne dans l'affectif et on privilégie les relations affectives par rapport aux décisions professionnelles.*

– *Et alors ?*

– *C'est comme ça qu'on fait des erreurs professionnelles.*

– *Donc si tu t'intéressais plus aux autres tu serais dans l'affectif et tu risquerais de faire des erreurs professionnelles ?* [1]

– *Oui, c'est peut-être excessif mais c'est ce que je pense.*

– *Comment peux-tu améliorer ton image avec ce type de principe ?*

– *C'est très simple, en étant toujours plus professionnel.*

1. A partir de la synthèse des représentation de Jérôme, Pierre pousse le questionnement jusqu'au bout pour faire apparaître le postulat de base : *je dois me méfier de l'affectif dans ma vie professionnelle, sinon cela pourrait me conduire à des erreurs importantes.*

- *Bien, mais tu as vu que ton évaluation à 360° n'est pas très concluante sur le plan de ton image personnelle alors que tes compétences professionnelles sont unanimement reconnues.*
- *Oui c'est vrai. Qu'est-ce que tu me proposes ?*

L'étape suivante pour Pierre est d'amener Jérôme à s'interroger sur son postulat de base pour ensuite lui faire rechercher des représentations plus réalistes du relationnel dans l'entreprise :

- *Est-ce que tu ne pourrais pas réfléchir pour notre prochaine séance à un principe qui différencie mieux relations professionnelles et relations affectives ?*
- *Comment dois-je m'y prendre ?*
- *Nous avons vu l'inconvénient que cela représentait quand la relation était définie négativement. Il y a accord sur le contenu de la communication, mais comme la relation est rejetée il y a aussi rejet du contenu de la communication. Je te propose de reprendre ton postulat en considérant les avantages et les inconvénients qu'il induit lorsqu'il faut communiquer dans l'entreprise. Sur la plan comportemental, quels seraient les comportements souhaitables pour construire un relationnel professionnel sincère sans verser obligatoirement dans l'affectif ?*

Le coaching aborde souvent le sujet des relations interpersonnelles dans l'entreprise. La pratique du coaching, que ce soit pour le coach ou son partenaire, est l'occasion d'accroître l'expérience et le savoir-faire dans le domaine des relations humaines. C'est un exercice incontournable pour continuer à se professionnaliser dans la gestion des ressources humaines.

A partir de ces quelques illustrations de séquences de coaching, il est plus facile de comprendre que le coaching doit être une méthode rigoureuse pour être efficace. Avant de se lancer dans un coaching, le manager ou le responsable ressources humaines doit avoir précisément en tête ses objectifs. L'entretien de coaching n'est pas une improvisation talentueuse. Ce n'est pas une question de feeling. Ce n'est pas non plus un exercice de persuasion ou de motivation. C'est un entretien raisonné et organisé qui respecte des étapes selon un ordre bien déterminé. La connaissance d'un référentiel précis garantit une progression efficace et cadre l'entretien dans le domaine professionnel sans jamais aborder les problèmatiques individuelles. Le contenu des entretiens reste strictement confidentiel. Cet aspect est fondamental pour ouvrir un espace de collaboration sincère, confiant et efficace.

Pour autant, il ne faut pas être trop perfectionniste et attendre de parfaitement contrôler toutes les techniques avant de se lancer. C'est en forgeant...

Dans notre expérience les managers qui se sont lancés en essayant de suivre une progression ont d'emblée obtenu des résultats avec leurs collaborateurs. Le seul fait de les amener à réfléchir sur leurs comportements et donc à leur conception du management les a aidés à avancer. Or en dehors du coaching on manque de cadre pour parler du management avec ses collaborateurs.

Quels sont les managers qui ont déjà échangé sur ces sujets essentiels avec leurs collaborateurs ? Ils ne sont pas si nombreux tout simplement parce que la vie des entreprises ne favorise pas ces échanges. Noyés dans les problèmes de la vie quotidienne on en oublie l'essentiel. Le coaching est aussi ce temps qui permet de parler du fond.

Etre un coach, c'est se placer dans la position d'accompagner le changement du collaborateur. Ce changement se fera tant en fonction des objectifs opérationnels d'une équipe que des objectifs à moyen terme de l'entreprise et du collaborateur. Le coaching est un des moments clé de la gestion de l'employabilité. C'est le prolongement naturel de l'entretien annuel d'évaluation. Le manager y fait le bilan des objectifs professionnels et du développement personnel. Il donne un feed-back des compétences et des comportements. Il définit des objectifs de progrès précis et organise le suivi.

Chapitre 6

Coacher soi-même son collaborateur ou faire appel à un coach extérieur ?

Quand faut-il coacher soi-même son collaborateur ?

Dans notre pratique nous voyons plus souvent des dirigeants qui demandent que l'on coache leurs collaborateurs et qui, lorsqu'on leur suggère que cela devrait être leur rôle, s'abritent derrière le fameux prétexte du manque de temps. La question suivante est souvent perçue comme impertinente : que font-ils de plus important que de développer leurs collaborateurs qui sont en charge opérationnelle de l'entreprise ? C'est pourquoi (démarche commerciale oblige) nous nous abstenons la plupart du temps de la poser… du moins dans un premier temps.

Reste que certains managers pratiquent le coaching même si, la plupart du temps, ils réservent cette technique à certaines circonstances particulières.

Le coaching en situation de crise

Les managers qui pratiquent le coaching ont tendance à le faire lors de situation de difficulté particulière. Un collaborateur pose des problèmes, a du mal à faire face à ses objectifs et le manager vient en support en utilisant une technique de coaching. De fait, c'est un bon compromis entre l'attitude des managers qui règlent les problèmes à la place des autres et celle des managers qui laissent leurs collaborateurs se débrouiller de toutes les situations. Pourtant, notre préconisation est de pratiquer le coaching de façon plus régulière. En effet, ne coacher qu'en période de crise présente plusieurs inconvénients.

Si le manager ne devient coach que pour faire face aux problèmes complexes, il risque de manquer de pratique. De plus, il se place en position de coacher dans un contexte de plus grande difficulté. A l'évidence, le risque d'échec est plus grand.

Par ailleurs, c'est une manière de valoriser le collaborateur qui est en difficulté. Celui-là, le manager lui consacre du temps ce qui peut être jalousé par les autres. Il est, en effet, évident que l'allocation du temps du manager pour ses différents collaborateurs est un indicateur implicite de l'importance qu'il leur accorde. Chaque minute passée en tête-à-tête est l'objet d'une comptabilité, souvent non exprimée, qui vient nourrir la perception de la hiérarchie accordée aux uns et aux autres. C'est pourquoi passer plus de temps avec ses collaborateurs en difficulté, peut être une manière d'inciter les autres à mettre en avant leurs difficultés pour obtenir l'attention du manager. Le coaching ne doit pas se limiter aux situations problématiques.

Le coaching comme cadre relationnel avec ses collaborateurs

Au-delà de la méthode elle-même, apprendre à coacher c'est instaurer un type de relation spécifique avec ses collaborateurs. Cette relation est basée sur les concepts de prestation de service, d'accompagnement, de recherche permanente de progrès et de culture du changement.

Il s'agit donc en quelque sorte d'un devoir que le manager a envers l'ensemble de ses collaborateurs directs. Il se doit de leur consacrer un temps hebdomadaire qui peut être de courte durée (parfois une demie heure suffit) pour les aider à progresser sur une compétence comportementale. Ce temps ne doit pas être consacré à régler les problèmes quotidiens de gestion, il est dédié au développement du collaborateur. A charge pour celui-ci de se définir des objectifs.

Le manager peut ainsi remplir pleinement son rôle de développeur d'hommes. Il instaure un type de relation qui apporte une réelle valeur ajoutée sans pour autant faire à la place des collaborateurs. Lorsque cette pratique se développe c'est toute la relation manager/managé qui s'en trouve modifiée en profondeur.

A quoi sert le coach consultant ?

Spontanément, nous allions écrire : souvent à rien ! En fait, la réalité est plus nuancée.

Il en est du coaching comme de la plupart des autres métiers de consultants, l'entreprise sollicite une ressource extérieure car elle ne veut pas mettre en œuvre par elle-même. Les managers ont le sentiment qu'ils ne sauront pas faire, ou simplement ils ne souhaitent pas s'impliquer dans la progression de leurs collaborateurs ; et certains consultants trop heureux de l'aubaine les encouragent dans l'idée de la nécessité du regard extérieur. Nous l'avons vu, le risque de laisser se perpétuer cette situation est d'avoir un management qui ne prend pas complètement ses responsabilités et ne remplit pas son rôle auprès de ses collaborateurs.

Il s'agit donc de distinguer les cas où l'apport du consultant extérieur est utile voire indispensable, de ceux où il est un prétexte pour les uns à ne pas pratiquer le management dans toute sa dimension et pour les autres à gagner leur vie.

L'absence de ressource interne

C'est le cas le plus fréquent actuellement. Dans la plupart des entreprises, personne ne possède réellement une technique de coaching. Parfois certains managers ou membres des ressources humaines en ont une certaine pratique mais sans avoir suffisamment de recul ou de disponibilité pour l'enseigner.

La pratique du coaching doit s'apprendre dans le cadre de l'apprentissage du management. Le consultant vient pour enseigner, accompagner et aider à mettre en pratique une approche de coaching.

Contrairement à ce qui est fait habituellement, le coach ne vient pas combler des vides au fur et à mesure où l'on en prend conscience mais il devrait être intégré à un plan général d'acquisition de sa technique par tous les acteurs clés de l'entreprise.

La pratique du co-coaching

Au cours d'actions menées auprès d'équipes pour les aider à mieux travailler ensemble, nous avons mis en place une approche de co-coaching. Il nous semblait important pour que le groupe retrouve cohésion et confiance mutuelle d'initier une dynamique de changement comportemental concernant tous ses membres. Cependant, au lieu de faire nous-même l'accompagnement, nous leur avons proposé de se choisir chacun un coach au sein même de leurs pairs.

Notre intervention a consisté à superviser le travail de coaching des membres de l'équipe auprès de leurs collatéraux. Pour cela, nous étions présents pendant les premières séances mais sans intervenir. En fin de séance nous travaillions alors avec le coach apprenti pour lui donner un feed back de sa prestation et lui donner des indications sur sa pratique.

Cette approche nous a paru positive à plusieurs points de vue. Le premier point est qu'elle concrétisait le fait que tous avaient besoin de progresser et étaient prêts à y consacrer du temps. Mais surtout pour accomplir ce progrès ils avaient besoin des autres et donc cela a permis de formaliser un peu plus l'interdépendance et la nécessité de travailler en équipe. Par ailleurs, les coachs collègues découvraient une nouvelle méthode qui ne les mettaient pas en situation de risque par rapport à leurs collaborateurs. Tous, apprenant en même temps, il ne leur était donc pas nécessaire de faire semblant de savoir et pouvaient accepter l'humilité de l'apprentissage.

In fine, cela a favorisé la cohésion et suscité des vocations pour pratiquer le coaching.

Pour les dirigeants

Les dirigeants sont la seule population qui ne peut pas trouver en interne des coachs. Certains de façon plus ou moins explicite donnent ce rôle à leur DRH ou à un autre collaborateur proche, fidèle conseiller de président qui le suit dans ses différents postes depuis des années. Le risque évident est l'absence de neutralité du coach qui risque (parfois à son insu) d'être pris dans des conflits d'intérêt. De plus, on sait combien il est difficile pour les dirigeants de se montrer tels qu'ils sont réellement surtout à des collaborateurs. Le coaching ne peut pas être un jeu de faux semblant sauf à lui faire perdre toute sa substance. Enfin, le coach interne d'un dirigeant est très vite considéré comme une sorte d'éminence grise voire même de gourou auquel on attribue des pouvoirs excessifs. De la part des collaborateurs, il se trouve l'objet d'un jeu de séduction, de crainte, et parfois de rejet qui est de nature à entraver ses capacités à remplir ses fonctions.

Pour autant, plus que tout autre dans l'entreprise le dirigeant est celui qui doit être vigilant à progresser et à ne pas reproduire ses mêmes comportements. Il a, de plus, une valeur d'exemplarité vis-à-vis du reste de l'entreprise. Or, le domaine dans lequel les dirigeants sont le moins exemplaire est celui du changement les concernant : ils demandent en permanence à leurs collaborateurs de changer mais bien peu se donnent des objectifs connus de tous, de changement pour eux-mêmes.

Le dirigeant doit donc se faire coacher

N'ayant pas de « n+1 », il lui est indispensable de faire appel à un conseil extérieur.

Ce coach est un pédagogue de sa propre méthode. Il ne doit donc pas se contenter de faire progresser le dirigeant mais de veiller à lui transmettre sa technique de coaching de façon à ce qu'il la pratique avec ses propres collaborateurs.

Dans les situations de crises, lorsque les managers se transforment en intérimaires internes

La caractéristique de la crise en entreprise est que tout le monde doit agir au risque de paraître détaché (donc démotivé) ou de se confronter à sa propre angoisse ou culpabilité. La crise provoque de l'émotion, l'émotion est vécue comme inconfortable et la meilleure manière de la calmer est d'agir. C'est pourquoi derrière des prétextes de solidarité ou d'exemplarité, le manager s'engage facilement à prendre une partie du travail de ses collaborateurs. Il se montre ainsi « près du terrain », réactif et il se sent utile dans l'action. En fait, en agissant ainsi il n'apporte pas de valeur ajoutée à l'organisation : il remplit le rôle d'intérimaire interne.

> *Rien n'est prêt, et pourtant le salon commence demain.*
>
> *Lorsque Françoise réalise que les dernières invitations n'ont pas été envoyées, elle est furieuse puis elle fait le tour de ses collaborateurs qui peuvent le faire. Personne n'est disponible et elle voit approcher le moment où il va lui falloir terminer le mailing elle-même.*
>
> *Alors, ravalant sa colère la directrice commerciale s'y met et sait qu'elle en aura pour une demie journée. Elle déclarera haut et fort que jamais elle ne recommencera. En le disant elle le croira et pourtant la prochaine fois elle recommencera de la même façon faute d'avoir fait travailler ses collaborateurs différemment.*

Lorsqu'on interroge les managers sur cette manière de faire, ils répondent avec la plus grande sincérité qu'ils ne peuvent pas faire autrement, qu'il faut bien que le travail soit fait en temps et en heure.

Les questions suivantes sont : que se passe-t-il lorsque vous n'êtes pas là ? Et, est-il arrivé que le travail ne soit pas remis en temps et en heure ?

Bien souvent, on s'aperçoit alors que manager présent ou pas et sauf exception rarissime est souvent sans conséquence majeure, le travail est remis en temps et en heure. Pour autant, le manager a beaucoup de mal à faire autrement et surtout à expliquer à ses collaborateurs qu'il n'est pas dans son rôle en agissant ainsi.

De plus, la charge émotionnelle est telle qu'il est bien souvent très difficile au manager de prendre le recul suffisant. Pire encore, dans les moments de crise où plus que jamais il est indispensable de prendre des temps de réflexion et de remise en cause de ses certitudes, le coaching paraît une perte de temps. C'est dire que deux collaborateurs ne vont pas prendre le temps du coaching.

Il nous paraît évident que le manager qui joue le rôle d'interimaire appauvrit la structure qu'il dirige. En faisant à la place de ses collaborateurs, il ne fait pas ce sur quoi il devrait apporter de la valeur ajoutée. Cela nuit évidemment au développement de sa structure.

Toutes ces raisons concourent au besoin d'une ressource extérieure dans un premier temps en période de crise.

La création d'une ressource interne de coachs dans l'entreprise

Certaines entreprises sans le dire ont commencé à se constituer un pool de coachs internes. Parfois il s'agit d'une ressource que la DRH met à la disposition des managers qui le souhaitent, ailleurs ce sont des dirigeants qui en fin de carrière entrent dans une fonction de « vieux sage ». On les trouve conseillers du président, gestionnaires des dirigeants, garants de l'éthique etc. Cela leur permet d'être une oreille attentive et de réellement coacher certains dirigeants sans que cela ne s'appelle comme tel.

Nous l'avons dit plus haut cette orientation de fin de carrière nous paraît être très utile dans l'entreprise.

Comment répartir les tâches entre ces coachs internes et les managers qui eux-mêmes doivent coacher leurs collaborateurs ?

Plusieurs pistes de répartition des tâches peuvent être proposées. D'abord, les coachs internes peuvent être les enseignants des managers, ensuite ils peuvent intervenir en support des managers pour les aider à coacher soit des collaborateurs avec lesquels ils ont des difficultés soit pour les soulager d'une partie de cette fonction en période de surcharge. Enfin, ces coach internes peuvent intervenir dans toutes les circonstances que nous signalions plus haut à la place de consultants extérieurs, exception faite du président.

Nous voyons plusieurs avantages à constituer cette fonction de coach internes.

La première est la gestion de fin de carrière des dirigeants. Nulle part nous n'avons vu de gestion satisfaisante de cette fin de carrière. Dans la plupart des endroits, les dirigeants s'accordent à considérer qu'à partir d'un certain âge, il est préférable de réduire les responsabilités managériales au profit de la génération suivante. Mais personne ne sait répondre à l'usage que l'on peut faire des dirigeants en fin de carrière qui n'ont plus rien à diriger.

Le deuxième avantage tient à la légitimité des coachs. Souvent on reproche aux consultants de mal connaître l'entreprise. Les dirigeants en fin de carrière ne peuvent pas être confrontés à ce type de réticences.

Enfin, il nous paraît qu'en plus de la fonction de coach ces dirigeants pourraient remplir celle de médiateur. L'entreprise, plus qu'avant, est l'objet de conflits internes, de sources de tensions relationnelles qui, si l'on n'y prend pas garde peuvent se cristalliser en bataille de camps retranchés tout en gardant les apparences d'une bonne entente entre les uns et les autres. L'habitude est d'aller à l'arbitrage du chef. C'est évidemment peu favorable à la maturité du travail en équipe. Le recours à un médiateur sans autorité hiérarchique (comme cela se fait maintenant dans la société civile) pourrait favoriser l'apprentissage du règlement des conflits sans nécessiter l'intervention hiérarchique.

La création de cette fonction de développement des hommes et de médiation, suppose bien sûr de former les dirigeants qui souhaiteraient l'exercer.

Conclusion

Faire du coaching c'est comme faire de la psychologie, c'est le travail des psychologues. Il ne faut pas confier ça aux managers, ils vont faire n'importe quoi !

L'objection paraît logique de prime abord, mais après réflexion on ne voit pas très bien comment les managers pourraient agir dans l'entreprise sans utiliser leur psychologie et sans faire l'effort de comprendre celle des autres. Ils le font systématiquement et spontanément comme tout un chacun. L'intentionnalité est une des caractéristiques distinctives des êtres humains. Ils l'utilisent en permanence pour attribuer aux autres des intentions. Parfois, ils ont la faiblesse et la naïveté de penser automatiquement que l'autre pense comme eux. Si les managers ne peuvent pas se passer d'éléments de psychologie dans leur routine professionnelle, mieux vaut qu'ils s'en approprient les rudiments de base.

Le coaching comme la psychologie est incontournable pour le manager. Même s'il ne parle jamais de coaching, le manager est amené à encourager et à organiser la progression de ses collaborateurs pour qu'ils s'adaptent à tous les changements, il cherche à les rendre plus responsables et plus autonomes.

Lorsqu'on leur demande comment ils font, ils sont peu prolixes sur la méthode. Ils parlent d'écoute, de motivation. Mais la plupart du temps, ils reconnaissent volontiers ne pas en avoir. Ils disent se fier à leur « instinct » ou à leur « feeling ». Ce qui marche parfois mais les laissent très désarmés en cas de difficultés.

La volonté est là mais il manque la méthode. L'entreprise qui aime tant la technique manque d'outils lorsqu'il s'agit de technique sur le plan des hommes.

Ne pas donner ces techniques aux managers c'est les mettre en situation d'échec et les inciter à reprendre leurs vieilles habitudes de distributeurs d'ordre et de sanctions. C'est en faire des contremaîtres mais certainement pas des managers.

En donnant au manager la technique pour coacher, c'est toute la relation avec ses collaborateurs qui peut évoluer. Ils abordent un point essentiel du travail collectif : les comportements.

C'est pourquoi, le coaching est au premier plan des compétences managériales. Un manager qui sait coacher sait obtenir le meilleur d'un collaborateur, lui donner envie de progresser et prendre goût à s'adapter à la nouveauté. Il l'aide à surmonter ses blocages et ses difficultés, bref il le met dans une dynamique qui favorise son épanouissement, et son envie de donner le meilleur pour l'entreprise.

Il s'agit donc de passer de la situation actuelle où de plus en plus de managers ont un coach à celle où les managers deviennent des coachs.

Composé par ANDASSA
Achevé d'imprimer : Jouve, Paris
N° d'éditeur : 2158
N° d'imprimeur : 288244L
Dépôt légal : Décembre 2000

Imprimé en France